Petra Hölzel

Basis-Pass Pferdekunde

Vorbereitung auf die praktische und theoretische Prüfung

KOSMOS

Dieses Buch widme ich meinem verstorbenen Mann Dr. Wolfgang Hölzel. Seine Leistungen als Reiter und Lehrer, Autor und Richter haben den Pferdesport geprägt, und er hat gewusst, wie viel wir den Pferden verdanken.

Dr. Petra Hölzel

Der Basis-Pass

Der von der FN im Jahr 2000 eingeführte Basis-Pass Pferdekunde bescheinigt dem Bewerber Kenntnisse und Fertigkeiten im sachkundigen und artgerechten Umgang mit dem Pferd und ist Voraussetzung für den Erwerb eines Reitabzeichens, der Reitnadel und eines Fahr- oder Voltigierabzeichens. Es war nicht sinnvoll, den praktischen und den theoretischen Teil der Prüfung in allen Einzelheiten scharf zu trennen. In der Praxis gestellte Fragen und Aufgaben verbinden sich naturgemäß mit theoretischen Erklärungen, so etwa die Handgriffe beim Satteln und Trensen mit Fragen zur Benennung von Einzelteilen und Sicherheitsaspekten, das Putzen mit Erklärungen der Putzutensilien, ihrer Funktion, der gebotenen Vorsichtsmaßnahmen usw. Theoretische Fragen können als praktische Aufgaben gestellt, theoretische Antworten als Beschreibung der praktischen Ausführung von Handgriffen und Tätigkeiten verstanden werden. Es ist zu wünschen, dass diese Prüfung entscheidend dazu beiträgt, den Umgang mit Pferden fachgerechter und risikofreier zu machen.

Das Einmaleins der Pferdekunde

Wer sich so gut mit seinem Pferd versteht, wird im Umgang mit ihm keine Schwierigkeiten haben

▸ Die Prüfung

Die Prüfung zum Basis-Pass Pferdekunde wird meist in Verbindung mit einer weiteren Abzeichenprüfung angeboten werden. Die Bestimmungen sehen vor, dass sie am selben Tag wie z. B. das Kleine Reitabzeichen oder der Reitpass abgelegt werden kann. Das bietet sich schon deshalb an, da die Richter dann nur einmal bestellt werden müssen, was dem Veranstalter Kosten erspart.

Angestrebt ist, dass der Basis-Pass Pferdekunde für Pferdehalter und Inhaber von Pferdebetrieben als Sachkundenachweis obligatorisch wird. Er ist auch für nichtreitende Pferdefreunde sinnvoll und empfehlenswert, d. h. für alle, die sich wichtiges Grundlagenwissen zum Thema Pferd aneignen möchten. Das gilt besonders für diejenigen, die ihren Kindern, Ehepartnern, Freunden oder Bekannten bei der Betreuung und Versorgung ihrer Pferde zu Hause oder auf Turnieren helfen.

Verlangt wird außer detaillierten theoretischen Kenntnissen u. a. über Fütterung, Pferdegesundheit, Unfallverhütung, Tierschutz und Erste Hilfe grundlegendes Wissen über Wesen und Verhalten des Pferdes, welches Grundlage und Voraussetzung für das Verstehen und den richtigen Umgang mit ihm, also für alle Handgriffe und Tätigkeiten in der Praxis ist.

Gegenseitiges Vertrauen ist eine wichtige Grundlage für den Umgang mit dem Pferd

Prüfung und Lehrgang werden von allen Reitvereinen und Pferdebetrieben durchgeführt, die dem Niveau eines FN-anerkannten Betriebes entsprechen. Der Antrag auf Zulassung wird an den Veranstalter gerichtet, der auch die Gebühren erhebt. Wenn man Mitglied in einem Reitverein ist, bestimmt ohnehin der Reitlehrer die Kandidaten für ein Abzeichen; dann erübrigt sich ein solcher Antrag. Abzeichenprüfungen und Vorbereitungslehrgänge werden auch von privaten Reitställen angeboten. Jeder Bewerber sollte an einem Vorbereitungslehrgang teilnehmen, der mindestens von einem Trainer C durchgeführt werden muss.

Wenn ein Reitverein z. B. auf das Kleine Reitabzeichen vorbereitet, wird für gewöhnlich in der Gruppe intensiv darauf hingearbeitet. Bei der Vorbereitung für den Basis-Pass muss das für diesen verlangte Prüfungswissen mit einbezogen werden. Die Prüfungsanforderungen umfassen eine große Bandbreite, sodass der Ausbilder eine für seine Prüflinge sinnvolle Auswahl treffen, also z. B. seine Fragen und Aufgabenstellungen auf Kinder, Jugendliche oder Erwachsene zuschneiden kann.

Teilnahmeberechtigt für den Basis-Pass sind alle, die eine körperliche und geistige Mindestreife, also mindestens das Grundschul- bzw. Lesealter erreicht haben.

Die Kleidung bei der Prüfung sollte zweckmäßig und bequem sein. Wichtig ist festes Schuhwerk; Sandalen oder andere offene Schuhe sind für den Umgang mit Pferden ungeeignet. Das gilt natürlich nicht nur für den Prüfungstag.

Die Prüfung zum Basis-Pass Pferdekunde besteht aus zwei Teilprüfungen, einem praktischen und einem theoretischen Teil. Die gesamte Prüfung ist an einem Tag oder an zwei aufeinander folgenden Tagen abzulegen.

Die Deutsche Reiterliche Vereinigung – FN

Im Jahr 1968 schlossen sich der Bundesverband deutscher Reit- und Fahrvereine mit dem Hauptverband für Zucht und Prüfung deutscher Pferde (HDP) unter dem Namen »Deutsche Reiterliche Vereinigung e. V.« (FN = Abkürzung für Fédération Equestre Nationale) zusammen. Sie ist die nationale Vertretung der deutschen Reiter im Weltreiterverband (FEI = Fédération Equestre Internationale). Das Deutsche Olympiade-Komitee für Reiterei wurde der neuen Vereinigung unterstellt, bewahrte aber seine weitgehend selbstständige Arbeit. Die Deutsche Reiterliche Vereinigung gliedert sich in drei Abteilungen: Sport, Zucht und Persönliche Mitglieder. Sie bildet die organisatorische Zusammenfassung aller Mitgliedsinstitutionen wie der Landes- und Regionalverbände. Die FN ist zuständig für alle Regelungen, Vorschriften und Bestimmungen im Bereich des deutschen Reit-, Fahr-, Voltigier- und Breitensports, seit 1990 auch für die neuen Bundesländer.

Die Anforderungen

Die praktische Prüfung

- Pferdeverhalten erkennen
- Vertrauensbildende Maßnahmen durchführen
- Ansprechen und Annähern an das Pferd
- Führen und Vorführen eines Pferdes
- Das richtige Anbinden
- Passieren anderer Pferde, auch auf engem Raum, z. B. in der Stallgasse
- Loslassen des Pferdes oder Ponys in die Weide oder den Paddock
- Pferdepflege
- Ausrüsten des Pferdes oder Ponys einschließlich Aufzäumen, Satteln und Bandagieren
- Grundtechniken des Verladens

Die theoretische Prüfung

- Basiswissen rund ums Pferd
- Entwicklungsgeschichte
- Pferdeverhalten

- Verhaltensgerechter Umgang mit dem Pferd
- Bewegungsbedürfnisse des Pferdes
- Charakterbeurteilung und Verhaltensabweichung
- Sicherheitsaspekte und Unfallverhütung
- Einschlägige Bestimmungen des Tierschutzgesetzes
- Identifizieren und Beurteilen von Pferden oder Ponys

FÜTTERUNG UND FÜTTERUNGSTECHNIK

- Futtermittel (und Rationsgestaltung)
- Fütterungstechnik

GRUNDLAGEN DER PFERDEGESUNDHEIT

- Pferdepflege, Hufpflege, Ausrüstung
- Grundkenntnisse von Verdauung, Anatomie und wesentlichen Erkrankungen
- Kenntnisse über Impfungen, Wurmkuren
- Erste-Hilfe-Maßnahmen
- Giftpflanzen

STALLRÄUME, NEBENRÄUME, BEWEGUNGSFLÄCHEN

- Grundlagen zu den Themen Aufstallungsarten, Stallklima, Stalleinrichtung, Auslauf und Weide

Tipps zur mentalen Prüfungsvorbereitung

Neben der gründlichen Vorbereitung spielt – wie bei jeder Prüfung – die innere Verfassung eine wichtige Rolle: Übertriebene Nervosität ist einer optimalen Leistung ebenso abträglich wie phlegmatische Gleichgültigkeit! Das richtige Verhältnis zwischen

»Hast du mir was mitgebracht?«, scheint dieser neugierig-zutrauliche Blick zu fragen

Anspannung und Entspannung muss jeder für sich selbst herausfinden, und man kann lernen, den Erregungsgrad selbst zu steuern. Wenn du dazu neigst, dich bei Prüfungen so sehr aufzuregen, dass deine Leistungsfähigkeit blockiert ist, kannst du mit entsprechenden Übungen lernen, dich zu entspannen.

Eine Entspannungsübung ist die folgende Atemübung:

1. Zieh beide Schultern in Richtung Ohren hoch – ganz hoch!
2. Lass sie langsam wieder herabsinken.
3. Zieh nun die Schultern noch einmal ganz nach oben zu den Ohren, atme dabei tief ein und halte sechs bis sieben Sekunden lang Atem und Schultern an. Zähle mit: 21, 22, 23, 24, 25, 26 – atme langsam aus und lass dabei die Schultern langsam herabsinken.

Diese Übung lässt sich überall durchführen und kostet nicht viel Zeit. Schon bald spürst du, wie die Muskeln sich entspannen: Du fühlst dich wohler.

Zu viel Entspannung jedoch kann den Leistungswillen beeinträchtigen – ein gewisser »Kick« ist notwendig! Wer eher zu »Wurschtigkeit« neigt, kann sich aufputschen, aktivieren: Bewege dich schnell und schwungvoll, spanne deine Muskeln kräftig und konzentriert an, atme bewusst ein.

Pferde brauchen soziale Kontakte

Bestimmungen* der FN für die Prüfung zum Basis-Pass Pferdekunde

- Die Bestimmungen wurden erstmalig in der APO (Ausbildungs- und Prüfungsordnung) vom Jahr 2006 festgelegt.
- Der Antrag auf Zulassung zur Prüfung ist vom Bewerber an den Veranstalter zu richten.
- Schulung und Prüfung können von Reitvereinen und Betrieben mit Genehmigung des jeweiligen LV (Landesverband der Reit- und Fahrvereine) bzw. der LK (Landeskommission für Pferdeleistungsprüfungen) durchgeführt werden.
- Es wird empfohlen, einen Vorbereitungslehrgang durchzuführen (siehe FN-Merkblatt, Lehrgangsdauer ca. 30 LE). Der Lehrgang sollte mindestens durch einen Trainer C erfolgen.
- Die Prüfung darf in Verbindung mit einer Prüfung zu anderen Abzeichen im Pferdesport abgehalten werden, nicht jedoch in Verbindung mit einer Pferdeschau/Pferdeleistungsschau.
- Die Gebühren für die Prüfung sind an den Veranstalter zu entrichten.
- Bei 10 oder weniger Prüfungsteilnehmern kann die Prüfung von einem Richter abgenommen werden. Bei 11 oder mehr Prüfungsteilnehmern ist die Prüfung von zwei Richtern oder von einem Richter und einem Prüfer Breitensport abzunehmen. In der Teilprüfung Theorie ist eine Aufteilung der Prüfungskommission möglich.
- Für die Bewertung sind Kenntnisse und Fertigkeiten im Umgang mit dem Pferd sowie Grundwissen über das Pferd ausschlaggebend.
- Das Ergebnis lautet »Bestanden« oder »Nicht bestanden«.
- Eine nicht bestandene Prüfung kann zum nächstmöglichen Termin wiederholt werden, wobei alle Teilprüfungen zu wiederholen sind.
- Nach bestandener Prüfung händigt die Prüfungskommission im Auftrag der FN den »Basispass Pferdekunde« aus.

Spielerische Kämpfe um die Rangordnung

*aus APO 2006

Wer ist hier der Stärkere?

Spiel oder Ernst? Neben den Hufen sind die Zähne eine wirksame Waffe

Vom Wesen des Pferdes

Pferde sind in vielfacher Hinsicht anders als unsere vertrautesten Haustiere Hund oder Katze, mit denen wir ja auch enger zusammenleben. Erst wenn wir über die wesentlichen Eigenschaften und Merkmale des Pferdes genau Bescheid wissen, werden wir sein Verhalten verstehen und richtig, d. h. art- und fachgerecht, mit ihm umgehen können.

Das Pferd in der Herde

Pferde sind Herdentiere, fühlen sich also nur in Gesellschaft richtig wohl. Auch im Stall wollen sie andere Pferde sehen, riechen und hören. Sie können sogar krank werden, wenn man sie ganz alleine hält. Der Mensch kann zu einer Art von Ersatzartgenossen werden. Deshalb ist es so wichtig, dass man sich mit dem Pferd beschäftigt.

DIE RANGORDNUNG In der Herde leben Pferde in einer festen Rangordnung, nach Regeln im Umgang miteinander, die jedem Tier einen festen Platz in der Gemeinschaft zuweisen und die für die Überlebensfähigkeit aller Herdenmitglieder notwendig sind. Dass um den Platz in der Rangordnung auch gekämpft wird, kann man auf der Weide, besonders unter Jungpferden, beobachten. Auch zwischen Mensch und Tier kann es zu solchen Rangordnungskämpfen kommen. Der Mensch muss in dieser Rangordnung stets den ranghöheren Platz einnehmen. Deshalb ist es wichtig, schon in Kleinigkeiten konsequent auf Gehorsam zu bestehen – so z. B. darauf, dass das Pferd beim Putzen oder

Satteln und Trensen absolut ruhig steht. Wenn du mit gesenkter Stimme und immer im selben Tonfall »Haalt!« zu ihm sagst, wird es dies bald gelernt haben. Unsicherheit, Nervosität oder gar Ängstlichkeit werden als Schwäche ausgelegt und gefährden die ranghöhere Position des Menschen und damit auch seine Sicherheit.

Auf der anderen Seite vermittelt der feste Platz in der Rangordnung dem Pferd ein Gefühl der Sicherheit und Geborgenheit – wie in der Herde. Die Grundlage für seinen Gehorsam gegenüber dem Menschen ist, dass es in seiner Beziehung zu ihm diese Geborgenheit empfindet und ihm vertraut.

DER FLUCHTINSTINKT Pferde sind hochspezialisierte Lauftiere, die sich einer Gefahr durch Flucht entziehen. Das erklärt auch, warum diese groß und kräftig wirkenden Tiere eher ängstlich sind und so leicht erschrecken oder weglaufen.

BEWEGUNGSBEDÜRFNIS Ein elementares Bedürfnis des Pferdes ist die Bewegung. Pferde, die in Freiheit leben, bewegen sich, meist in ruhigem Weidegang, 16 von 24 Stunden am Tag. Deshalb ist es nicht artgerecht, wenn sie nur eine Stunde am Tag geritten werden und während des restlichen Tages untätig herumstehen. Zusätzliche Bewegungsmöglichkeiten wie Weidegang,

Longieren als zusätzliche Bewegungsmöglichkeit: Es ist jedoch nicht einfach und will gelernt sein

EXTRA-TIPP

Positiv verstärken

Wenn du Erfolg hast, gibt dir das ein gutes Gefühl. Wenn du dafür gelobt wirst, gibst du dir noch mehr Mühe, strengst dich noch mehr an. Genauso geht es deinem Pferd. Belohne es z. B. durch Streicheln, Loben mit der Stimme, eine Entspannungspause oder ein Leckerli, wenn es seine Sache gut gemacht hat. Dein Pferd lernt, dass sich seine Leistung mit etwas Angenehmem verbindet. Es strengt sich an, um wieder von dir gelobt zu werden, gibt sich Mühe, um dieses gute Gefühl wieder zu erleben.

Die schönste Form der zusätzlichen Bewegung ist die auf der Weide

Longieren, Freilaufenlassen, Spazierenführen oder Grasenlassen sind unabdingbar für das Wohlbefinden des Pferdes. Das Bewegen an einer Führmaschine ist zwar nicht ideal, aber besser als gar keine Zusatzbewegung! Bei Bewegungsmangel langweilt sich das Pferd, gewöhnt sich Unarten an oder wird krank.

DER PFLANZENFRESSER Als Steppentiere hatten Pferde viel frische Luft, Licht und Platz. Da Pferde heute meist im Stall untergebracht sind, muss der Mensch dafür sorgen, dass ihnen ausreichend Frischluft – aber keine Zugluft! – und helle, geräumige Boxen zur Verfügung stehen. Die Boxen sollten nach Möglichkeit Außenfenster haben, die bei gutem Wetter geöffnet werden können.

Pflanzenfresser brauchen viel Zeit und Ruhe, um zu fressen und zu verdauen. Frisches Stroh muss immer reichlich vorhanden sein. Die Futterrationen sollten auf drei bis vier Mahlzeiten verteilt werden, abends wird die größte Portion gefüttert, weil danach die längste Ruhepause folgt. Als Grundregel gilt, Pferde beim Fressen nicht zu stören und sie nie unmittelbar nach einer Mahlzeit – frühestens eine Stunde später – zu reiten.

Die Sinne

SEHVERMÖGEN Das Sehvermögen von Pferden entspricht ihren ursprünglichen Lebensbedingungen: den Weiten der Steppe und der Bedrohung durch Raubtiere. Anders als bei Raubtieren, deren Augen nach vorne gerichtet sind, liegen die Augen des Pferdes, wie die aller Gras fressenden Beutetiere, seitlich am Kopf. Dadurch hat es seitlich einen viel weiteren Blickwinkel als beispielsweise der Mensch. Es ist überdies ein Bewegungsseher, der vor allem bewegliche Dinge in viel größerer Entfernung wahrnimmt als der Mensch, dem ein Scheuen dann oft schwer verständlich ist. Beim Herantreten an das Pferd muss der Mensch sich vergewissern, dass er gesehen wird: Er spricht es gut vernehmbar an und nähert sich ihm von vorn oder von der Seite, niemals von hinten – das Pferd könnte reflexartig ausschlagen!

GERUCHSSINN Gut ausgebildet sind auch der Geruchssinn und die Geruchserinnerung. So setzen sich Pferde häufig bei unangenehmen chemischen Dämpfen oder beißenden Stallgerüchen zur Wehr. Wenn sie einmal einen Brand erlebt haben, reagieren sie auf den Geruch von Rauch noch Jahre später mit Angst und Scheuen.

ERINNERUNGSVERMÖGEN Da Pferde ein ausgezeichnetes Erinnerungsvermögen besitzen, merken sie sich gute wie schlechte Erfahrungen über einen langen Zeitraum: Negative Eindrücke (Gewalt oder

Pferde haben einen gut ausgebildeten Geruchssinn. Die nach vorne geschobene Oberlippe (das sogenannte Flehmen) signalisiert Wohlbefinden oder einen besonders aufregenden Geruch

Was man über Pferde wissen muss

▸ Das Pferd ist ein Herdentier. In der Herde existiert eine feste Rangordnung, die ihm Sicherheit und Geborgenheit vermittelt. Der Mensch muss in der Beziehung Mensch-Pferd die ranghöhere Position einnehmen.

▸ Als Flucht- und Steppentiere brauchen Pferde viel Bewegung. Daher sollte man ihnen neben dem täglichen Training auch zusätzliche Bewegungsmöglichkeiten bieten, z. B. durch Bewegung auf der Weide oder im Paddock.

▸ Als Pflanzenfresser brauchen Pferde ausreichend Zeit und Ruhe zum Fressen und Verdauen.

▸ Das ausgezeichnete Erinnerungsvermögen von Pferden bewirkt, dass sie gute wie schlechte Erfahrungen sehr lange im Gedächtnis behalten.

▸ Pferde haben ausgeprägte Sinne: Ihr Sehvermögen umfasst einen weiteren Umkreis und Bereich als das unsere. Gehör und Geruchssinn sind sehr ausgeprägt. Deshalb scheuen Pferde vor Reizen, die Menschen oft nicht wahrnehmen. Ihr guter Tastsinn und die Reizempfindlichkeit ihrer Haut macht sie empfänglich für Berührungen.

Pferde haben ein großes Bedürfnis nach Sozialkontakten und ausgiebiger Fellpflege

unangemessene Strafen), die das Vertrauen erschüttert haben, prägen sich ebenso nachhaltig ein wie positive Erfahrungen. Deshalb sind Lob und Belohnung nach erbrachter Leistung so wichtig!

GEHÖR Pferde verfügen außerdem über ein ausgezeichnetes Gehör. Schon deshalb sollte es selbstverständlich sein, laute Geräusche im Stall und beim Umgang mit Pferden zu vermeiden. Sie reagieren vor allem auf ungewohnte Geräusche wie einen plötzlich anfahrenden Traktor, das Rappeln eines Getränkeautomaten neben der Reitbahn oder das unerwartete Klappern von Eimern mit Erschrecken und Weglaufen.

TASTSINN Tastsinn und Reizempfindlichkeit der Haut sind ebenfalls sehr gut entwickelt. Deshalb empfindet das Pferd liebevolle Berührungen wie Streicheln, das Klopfen am Hals oder das Kraulen zwischen den Ohren sowie das sachgerechte Putzen als äußerst angenehm. Auf der Weide kann man beobachten, wie hingebungsvoll die gegenseitige Fellpflege sein kann, die über die Reinigung hinaus eine wichtige soziale Funktion hat. Jedes Pferd hat seine eigenen »Lieblingsstellen«, die der Betreuer oder Besitzer leicht herausfindet!

Der Umgang mit dem Pferd

Die meisten Pferde haben es gern, wenn man sie streichelt und mit ihnen schmust, und wir freuen uns, wenn sie uns mit Zutrauen und Zuneigung begegnen. Aber Vorsicht: Man kann es mit dem Schmusen auch übertreiben! Zu tief verwurzelt ist der Kampf um die Rangordnung in der Herde. Der Mensch muss sich unbestritten als Ranghöherer behaupten, d. h. auf striktem Gehorsam auch und gerade in Kleinigkeiten bestehen. Vor allem kluge Pferde versuchen immer wieder, ihre Grenzen zu erweitern – hier eine kleine Unart, dort eine kleine Frechheit, und plötzlich fühlen sie sich als starke Sieger. Konsequenz hat dabei nichts mit übertriebener Härte zu tun. Es geht um die wichtige Balance zwischen Zuneigung und Respekt.

Diese beiden scheinen sich zu mögen

Pferde sind nicht in erster Linie Schmuse- oder Kuscheltiere! Mit Verwöhnung und Verzärtelung tun wir weder uns noch ihnen einen Gefallen. Der feste Platz in der Rangordnung vermittelt ja zugleich Sicherheit und Geborgenheit. Ständiges Betteln, Scharren, oder Herumknabbern an der Kleidung sind weder liebenswert noch amüsant und müssen schon im Ansatz abgestellt werden. Derartige Unarten sind beim täglichen Umgang mit Pferden nicht nur lästig, sondern können auch zur Gefahrenquelle werden.

Wissens-Check

Weshalb ist es nicht artgerecht, ein Pferd alleine zu halten?

Weil es ein Herdentier ist und die Gesellschaft seiner Artgenossen braucht.

Genügt es, ein Pferd eine Stunde am Tag zu reiten?

Nein, es braucht dringend zusätzliche Bewegung, da es in Freiheit 16 Stunden am Tag in – meist ruhiger – Bewegung ist.

Was bedeutet die Rangordnung in der Herde für die Beziehung des Pferdes zum Menschen?

Dass es unter Umständen auch mit ihm um die Rangordnung kämpfen will. Der Mensch muss darauf bestehen, die ranghöhere Position einzunehmen.

Weshalb laufen Pferde weg, wenn sie erschrecken?

Weil sie Fluchttiere sind.

Warum soll man ein Pferd beim Fressen nicht stören und es nie unmittelbar nach einer Mahlzeit reiten?

Weil es als Pflanzenfresser viel Zeit und Ruhe zum Fressen und Verdauen braucht (Kolikgefahr!). Es muss nach der Mahlzeit mindestens eine Stunde in Ruhe gelassen werden.

Was ist über das Erinnerungsvermögen des Pferdes zu sagen?

Es ist ausgezeichnet und speichert positive wie negative Eindrücke über sehr lange Zeit.

Wodurch unterscheidet sich das Sehvermögen des Pferdes von dem des Menschen?

Das Pferd sieht seitlich in einem viel weiteren Blickwinkel als wir. Auch in der Ferne sieht es vor allem Dinge, die sich bewegen, viel genauer.

Wie sind Gehör, Geruchs- und Tastsinn ausgebildet?

Ausgesprochen gut.

Pferde auf der Weide verbringen die meiste Zeit in ruhigem Weidegang

▸ Das Ausdrucksverhalten des Pferdes

Die aufmerksame Beobachtung des Ausdrucksverhaltens ermöglicht wichtige Rückschlüsse auf die innere Verfassung, den Gemütszustand des Pferdes. Nur wer das Verhalten des Pferdes richtig erkennen und deuten kann, wird mit ihm fachgerecht umgehen und unnötige Unfallrisiken vermeiden.

AUGEN Auch beim Pferd ist das Auge der »Spiegel der Seele«: Es drückt Aufmerksamkeit, Zutraulichkeit, Gutmütigkeit, aber auch Misstrauen, Stress oder Furcht aus.

OHREN Sie geben ebenfalls wichtige Hinweise auf die Gemütsverfassung des Pferdes. Zurückgelegte, anliegende Ohren drücken Missbehagen und Abwehrhaltung, auch Drohung aus, ein lebhaftes Ohrenspiel und aufgerichtete Ohren dagegen Aufmerksamkeit, Neugierde oder Begrüßung.

Aufgerichtete Ohren und aufmerksame Augen drücken Neugier und Zutrauen aus

LIPPEN Auch durch Lippenbewegungen drückt das Pferd seine Stimmung aus. So zeigt eine vorgeschobene Oberlippe, zum Beispiel beim Putzen, Wohlbefinden an. Wenn das Pferd dagegen die Lippen zurückzieht und seine Zähne zeigt, ist das ein Zeichen von Aggression.

SCHWEIF Abschnauben oder Abprusten, in Verbindung mit lockerer, pendelnder Schweifhaltung, deutet auf gelöste, entspannte Muskulatur und Leistungsbereitschaft hin. In einem gespannt getragenen, eingeklemmten oder hochgestellten Schweif drücken sich dagegen Angst, Spannung oder Aufregung aus. Schweifschlagen kann Unruhe, Unsicherheit, Verspannung und Verärgerung zeigen.

KÖRPERHALTUNG Auch aus der Haltung der Beine kann

Ein hochgestellter Schweif zeigt Angst, Spannung oder Aufregung

man die Stimmung des Pferdes erkennen. Steht es mit gesenktem Kopf auf drei Beinen und entlastet das vierte, so befindet es sich in Ruhehaltung: Es ruht sich aus oder schläft.

Durch Scharren mit den Vorderbeinen will es auf sich aufmerksam machen, hat Hunger, Durst oder eventuell sogar Schmerzen. Allerdings kann es sich dabei auch um eine Untugend handeln – viele Pferde versuchen auf diese Art, um Futter zu betteln!

Losgelassen herunterhängender Kopf zeigt Ruhestellung, angespanntes Nachuntenhalten dagegen kann Aggression bedeuten. Hohe Kopfhaltung heißt »Achtung«. Durch ruckartiges Hochwerfen des Kopfes werden Unruhe und Aufregung angezeigt. In wiederholtem Kopfschütteln äußert sich Verärgerung.

SCHWEISSBILDUNG Schweiß entsteht außer durch Anstrengung auch durch besondere Aufregung. Sie wird in der Regel von erhöhter Herz-(Puls-) und Atemfrequenz begleitet.

EXTRA·TIPP

Vertrauen

Zeigt dein Pferd Anzeichen von Furcht oder Aggression, dann behandele es ruhig, geduldig und mit Verständnis. Es soll zu keiner Zeit das Vertrauen in dich verlieren. Oft liegen seinem Abwehrverhalten Fehler des Menschen zu Grunde. Versuche, die Ursachen für das Verhalten deines Pferdes herauszufinden und diese abzustellen, um das gegenseitige Vertrauen wieder aufzubauen.

Pferde verstehen

Da das Pferd nicht sprechen kann, sind wir darauf angewiesen, sein Verhalten, seine Körpersprache zu verstehen, durch die es uns wissen lässt, wie es sich fühlt und wie es reagieren könnte. Es ist allerdings nicht immer ganz leicht, diese Körpersprache richtig zu deuten.

Auch Pferde drücken sich individuell verschieden aus. Beim eigenen, vertrauten Pferd wird man rasch wissen, was es auf welche Weise mitteilen will. Bei fremden Pferden kann man nicht vorsichtig genug sein. Immer einzubeziehen ist ihre Schreckhaftigkeit, verbunden mit der Neigung wegzulaufen.

Auf der anderen Seite kann das Fluchttier auch äußerst wirksame Waffen einsetzen! Außer seinen Zähnen benutzt es bei Streitigkeiten mit Artgenossen vor allem die Hufe. In der Herde kann man gut beobachten, wie Pferde z. B. unvermittelte Annäherung von hinten mit Auskeilen der Hinterbeine quittieren. So wird der lästige Artgenosse auf Distanz verwiesen, die Stute wehrt auf dieselbe Art und Weise den unerwünschten Hengst ab. Das Ausschlagen bei unerwarteter Annäherung von hinten ist ein tief verwurzelter Reflex, auf den wir auch bei unseren domestizierten Tieren – vor allem wenn sie jung sind – stets gefasst sein müssen. Zur freundschaftlichen Begrüßung nähern sich Pferde einander von vorn-seitwärts, sodass sie sich sehen können. Dasselbe sollte auch der Mensch berücksichtigen.

Angelegte Ohren drücken Ablehnung oder, wie hier, eine Drohung aus: »Achtung, mir passt das nicht!«

Als Belohnung ein Leckerbissen, aber richtig: flache innere Handfläche und angelegter Daumen

Das sollte man im Umgang mit dem Pferd beachten

- Das Verhalten des Pferdes beobachten und richtig verstehen.
- Ruhe, Sachlichkeit, Sicherheit und Konsequenz zeigen.
- Auf dem Einhalten der Rangordnung Mensch/Tier bestehen.
- Pferden, die Angst oder Unsicherheit äußern, nähert man sich vorsichtig und mit beruhigender Stimme.
- Nie mit Lob und Belohnung sparen!
- Aber Vorsicht: Ständiges unbegründetes Füttern mit Leckerbissen führt zu Untugenden oder gar einer Umkehr der Rangordnung!
- Strafen – wenn überhaupt nötig – äußerst sparsam und nur in angemessener, dem Pferd verständlicher Weise anwenden. Alles andere führt zu Widersetzlichkeit oder gar Bösartigkeit.

Raufereien gehören zum Alltag in der Herde. Es kann sich dabei um Machtkämpfe oder nur um ein Spiel handeln

Wissens-Check

An welchen Körpermerkmalen lässt sich die Gemütsverfassung des Pferdes ablesen?

Am Ausdruck der Augen, dem Ohrenspiel, der Schweifhaltung, den Lippenbewegungen, der Kopf- und Beinhaltung.

Was drückt ein Pferd aus, das die Ohren anlegt, und wie verhältst du dich?

Es drückt Unbehagen und Abwehr aus. Ich nähere mich ihm vorsichtig, spreche es mit ruhiger, gut vernehmbarer Stimme an, bis es die Ohren nach vorn nimmt.

Wie näherst du dich einem Pferd, das bei gesenktem Kopf auf drei Beinen steht und das vierte entlastet? Begründe dein Verhalten.

Das Pferd ist in Ruhehaltung, es schläft wahrscheinlich. Um es nicht zu erschrekken, spreche ich es laut, aber ruhig an und nähere mich ihm erst, wenn es sich mir zuwendet.

Was signalisieren aufgerichtete Ohren und aufmerksame Augen?

Neugier und Zutrauen.

Was drückt ein gespannt getragener, eingeklemmter oder hochgestellter Schweif aus?

Angst, Spannung oder Aufregung. Das Pferd muss beruhigt werden.

Weshalb darf man ein Pferd, das Angst ausdrückt, auf keinen Fall strafen?

Weil Strafen die Angst nur steigern. Verständnis, Geduld und Ruhe sind angesagt, um Vertrauen herzustellen.

Warum sollten Pferde nicht ständig grundlos mit Leckerbissen gefüttert werden?

Weil man sie damit zu Untugenden erzieht (z. B. dauerndes Scharren) und dazu verleitet, die Rangordnung Mensch-Tier umzukehren.

Pferd in Ruhehaltung: Der Kopf ist gesenkt, ein Bein ist entlastet

Die Merkmale des Reitpferdes

Der Körper des Pferdes nach seiner äußeren Erscheinung und Form wird auch als Exterieur bezeichnet, im Gegensatz zum Interieur, seiner inneren Veranlagung, dem Charakter. Das Format des Pferdes – so heißt das Verhältnis von Widerristhöhe zur Rumpflänge – variiert nach seinem Geschlecht. So ist der Hengst mehr quadratisch, die Stute eher langrechteckig, der Wallach hochrechteckig. Auch bei den einzelnen Rassen kann das Format verschieden sein. Orientalische Rassen z. B. haben in allen drei Geschlechtern einen höheren Prozentsatz an quadratischen Pferden. Je nach Verwendungszweck als Reitpferd in den verschiedenen Disziplinen werden bestimmte Formate bevorzugt. So ist das Quadratpferd mit relativ kurzem Rücken (Widerristhöhe und Länge des Rumpfs bilden ein Quadrat) als klassisches Dressur-, aber auch Westernpferd besonders geeignet, während im Springsport das Rechteckpferd mit längerem Rücken bevorzugt wird.

DER KOPF Der Kopf sollte in seinen Proportionen den anderen Körperteilen entsprechen, er darf weder zu groß noch zu schwer sein. Man wünscht sich große, lebhafte und intelligente Augen und fein ausgebildete Ohren, die durch ihre Beweglichkeit Temperament und Aufmerksamkeit verraten.

GANASCHEN-KOPFANSATZ Eine wichtige Voraussetzung, um das Pferd problemlos durchs Genick reiten zu können, ist der Ganaschen-Kopfansatz: Die breiten Ganaschen müssen den Ohrspeicheldrüsen genügend Spielraum lassen – die Backenknochen dürfen also nicht zu breit sein. (Als Ganasche wird der Bereich am hinteren oberen Unterkieferrand am Übergang vom Kopf zum Hals bezeichnet. Der Ganasche liegt die Ohrspeicheldrüse an.)

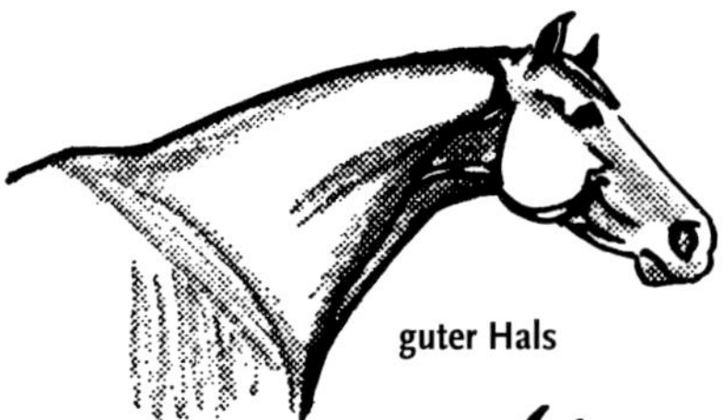

guter Hals

DER HALS Er soll aus der Schulter heraus breit angesetzt, bei mittlerer Halslänge die Oberhalslinie länger als die des Unterhalses sein. Ein Pferd mit einem ausgeprägten Unterhals, auch Hirschhals genannt, ist – vor allem wenn Ganaschen- und Genickprobleme hinzukommen – schwer an den Zügel zu reiten.

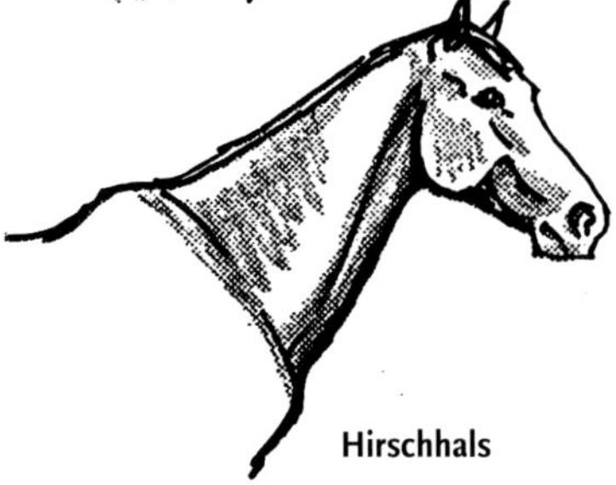

Hirschhals

DER WIDERRIST Ein ausgeprägter, breiter und langer Widerrist ist wichtig, damit das Pferd viel Muskulatur ansetzen kann, sodass die Verbindung von

Rumpf und Vorderbeinen möglichst stabil wird und Kraft für eine weit ausgreifende Vorderbeinbewegung entsteht. Auch für eine gute Sattellage ist der ausgeprägte Widerrist wichtig.

DIE SCHULTER Sie sollte lang und schräg sein (nicht steiler als 45 Grad) und durch ihre Breite genügend Ansatzfläche für die Muskeln bieten. Eine breite und tiefe Brust muss Herz und Lunge genügend Platz bieten (besonders bei Leistungspferden wichtig!).

DER RÜCKEN Der Rücken sollte in der Sattellage eine leichte Senkung haben, gut bemuskelt, von mittlerer Länge und guter Rippenwölbung, der Übergang zur Nierenpartie sacht und ohne sichtbare Grenze sein.

DIE KRUPPE Sie wünscht man sich möglichst lang und abgerundet. Ihre Muskeln sollten lang und stark – als sogenannte Hosen – am Oberschenkel in Richtung Sprunggelenk verlaufen.

DIE PFERDEBEINE Diese sollen klar und fest sein und weder Gallen noch Überbeine haben. Der Unterarm soll mindestens so lang sein wie die Vorderröhre, möglichst aber länger, da die Vorderröhre wenig bemuskelt ist. Dasselbe gilt für Unterschenkel und Hinterröhre.

So wie bei dem abgebildeten Pferd wünscht man sich das Exterieur des Reitpferdes

Pferderassen, Farben, Abzeichen

Das Deutsche Warmblut
– ein vielseitiges Sportpferd, das in allen deutschen Zuchtgebieten gezüchtet wird

Das Englische Vollblut
– eine leistungsstarke Rasse, die ursprünglich für den Rennsport gezüchtet wurde und seit langem zur Veredelung des Warmblutpferdes eingesetzt wird

Der Araber
– ein leistungsfähiges, sehr ausdauerndes Vollblutpferd, das auch als Zuchtveredler hoch geschätzt ist

Das Shetlandpony
– ein robustes Pony, das zu den kleinsten Pferden gehört und vor allem bei Kindern sehr beliebt ist

Stockmaß und Bandmaß

Das Stockmaß und das Bandmaß dienen zur Größenbestimmung des Pferdes. Beim Stockmaß wird die Größe des Pferdes senkrecht vom Boden bis zur obersten Kante des Widerristes gemessen. Ein senkrecht auf dem Boden stehender Zollstock mit einer im rechten Winkel daran befestigten, verschiebbaren Meßlatte gibt die Größe des Pferdes an. Im Vergleich zum Stockmaß ist das Bandmaß – hierfür wird ein Maßband verwendet – die weniger genaue Meßmethode, da das Bandmaß der Form der Schulter folgt und daher, je nach Umfang des Pferdes, zwischen fünf und zehn Zentimeter mehr anzeigt als das Stockmaß.

Das Pferd sollte beim Messen von Stock- oder Bandmaß auf allen vier Beinen stehen

Pferderassen

Die wichtigsten Pferderassen sind Vollblüter, Warmblüter, Kaltblüter, Traber und Ponys (zu den Letzteren zählen alle Pferde, die 1,48 m und kleiner sind).

VOLLBLÜTER Zu den Vollblütern zählen Araber (Kennzeichen: ox) und Englisches Vollblut (Kennzeichen: xx). Das Kennzeichen wird hinter den Namen des Pferdes gesetzt.

WARMBLÜTER Die wichtigsten Zuchtgebiete für die Warmblüter in Deutschland sind: Baden-Württemberg, Bayern, Berlin-Brandenburg, Hannover, Hessen, Mecklenburg-Vorpommern, Oldenburg, Sachsen, Sachsen-Anhalt, Schleswig-Holstein, Thüringen, Trakehner Bundeszucht, Westfalen (vgl. Karte Innenklappe). Die verschiedenen Warmblutzüchtungen unterscheiden sich heute kaum noch voneinander. Sie wurden durch Vollblut veredelt und orientieren sich am Zuchtideal des modernen Sportpferdes.

KALTBLÜTER Die wichtigsten Kaltblüter sind: Belgier, Mecklenburger, Rheinisches Kaltblut, Ardenner und Noriker. Als

Wichtig!

Mikrochips

Anstelle des traditionellen Brandzeichens besteht heute die Möglichkeit, einen Mikrochip mit einer einmalig vergebenen Nummer zu implantieren, die die Identifizierung des Pferdes noch sicherer macht als der Brand.

Schimmel werden mit dunkler Fellfärbung geboren und erst im Laufe ihres Lebens heller

chweres, auf Masse gezüchtetes Arbeitspferd wird der Kaltblüter heute in der Forstwirtschaft wieder zunehmend eingesetzt.

PONYRASSEN Die bekanntesten Ponyrassen sind: Norwegisches Fjordpferd, Haflinger, Dülmener Wildpferd, Shetland-, Island-, Welsh- und Connemarapony. Außerdem werden in allen Bundesländern deutsche Reitponys gezüchtet, die dem Ideal des kleinen eleganten Sportpferdes entsprechen.

TRABER Der Traber kommt auf Grund der Zuchtauswahl dem Vollblüter nahe. Er wird eigens für das Renntraben gezüchtet. Am bekanntesten sind Russische, Orlow, American Standard Bred und Französische Traber.

Farben

Pferde werden nach ihrer Haarfarbe in Braune, Füchse, Rappen, Schimmel, Isabellen, Falben, Schecken und Tigerschecken unterteilt.

BRAUNER Er hat bei braunem Deckhaar (Fell) schwarzes Langhaar (Mähne und Schweif). Braune gibt es in den Farbabstufungen licht- oder hellbraun, braun, dunkelbraun und schwarzbraun.

FUCHS Beim Fuchs haben Deck- und Langhaar dieselbe Farbe. Die Fellfarbe kann hellbräunlichgelb bis dunkelrot-braun sein.

RAPPE Er hat schwarzes Deckhaar und schwarzes Langhaar. Beim so genannten Sommerrappen wird das Fell im Winter bräunlich.

STICHELHAARIG Braune, Füchse und Rappen, in deren Fell,

oft besonders an Kopf, Schweifwurzel und Gliedmaßen, einzeln stehende weiße Haare eingestreut sind, nennt man stichelhaarig.

SCHIMMEL Er hat weißes Langhaar und weißes Deckhaar. Schimmel werden, im Gegensatz zum Albino, stets dunkel geboren, färben sich erst allmählich heller und werden oft erst nach zehn Jahren weiß. Daneben gibt es Schimmel mit anderen Farbzusätzen im Fell. Je nach Form und Farbe der dunkleren Zusätze sprechen wir von Grau-, Braun-, Fliegen-, Apfel-, Schwarz- und Rotschimmeln.

ISABELLE Pferde mit gelblich-cremefarbenem bis dunkelgelbem Deckhaar und gleichfarbigem oder hellerem Langhaar heißen Isabellen.

FALBE Diese Pferde haben gelbliches Deckhaar, schwarzes Langhaar und einen Aalstrich auf dem Rücken.

SCHECKE Schecken sind durch mehr oder weniger große, unregelmäßig geformte Flecken im Fell gekennzeichnet, die alle möglichen Farben haben können. Pferde, die bei dunkler Grundfärbung am ganzen Körper etwa handflächengroße oder kleinere, runde oder ovale, weiße oder bei heller Grundfärbung andersfarbige Flecken haben, nennt man Tigerschecken.

Groß ist die Farbvielfalt der meisten Pferderassen

Abzeichen

breite Blesse

schmale Blesse

Stern

Flocke

Laterne

Schnippe

unregelmäßige Blesse

Abzeichen

Einzelne angeborene weiße Stellen verschiedener Größe und Form an Kopf, Körper und Gliedmaßen des Pferdes nennt man Abzeichen. Sie kommen in vielfältigen Formen vor, tragen zur individuellen Charakterisierung des Pferdes bei und können sehr hübsch aussehen. Allerdings gibt es auch Formen, die wenig beliebt sind. So kann eine große, unregelmäßige, schiefe Blesse das Aussehen eines Pferdekopfes regelrecht verschandeln. Einseitige Abzeichen an den Beinen, z. B. ein weißer Fuß an nur einem Hinter- oder Vorderbein bzw. ein hochweißer Fuß am rechten und ein halbweißer Fuß am linken Bein, erwecken leicht den Eindruck, dass ein Pferd ungleich geht, und sind deshalb bei Dressurpferden nicht sehr erwünscht. Da die Abzeichen zu den Identifikationsmerkmalen des Pferdes gehören, ist ein Ausgleich der Unregelmäßigkeiten durch Färben nicht zulässig. Auf die Eignung und Qualität des Pferdes hat auch ein »hässliches« Abzeichen natürlich keinerlei Auswirkung!

weiße Krone

halbweiße Fessel

weiße Fessel

halbweißer Fuß

weißer Fuß

hochweißer Fuß

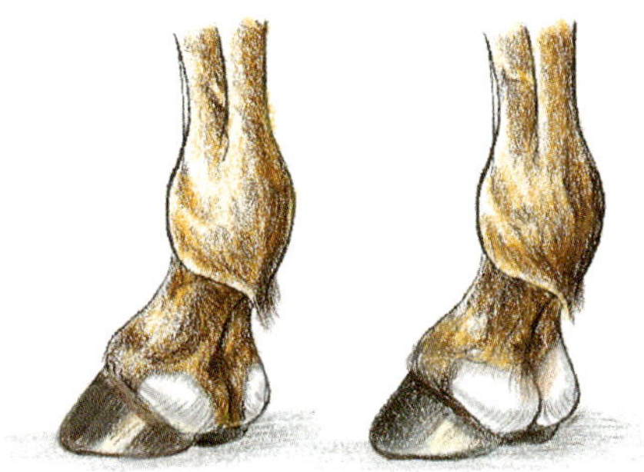

weißer Ballen

Auge
Ohren
Genick
Mähnenkamm
Stirn
Jochbein
Hals
Widerrist
Nasenrücken
Nüstern
Maulwinkel
Maul
Kinn
Backe
Ganasche
Kehlgang
Drosselrinne
Schulter
Bugspitze
Brust
Ellbogenhöcker
Unterarm
Vorderfußwurzelgelenk
Vordermittelfuß (Vorderröhre)
Köten-
zopf
Fesselkopf
Fessel
Ballen
Hufkrone
Huf

Körperteile kennen und benennen

So wünscht man sich das Exterieur des Reitpferdes: die Größe des Kopfes in Relation zu den anderen Körperteilen – weder zu groß noch zu schwer, eine gute Ganaschenfreiheit, eine Oberhalslinie, die länger ist als die des Unterhalses, ein ausgeprägter, langer Widerrist, eine lange schräge Schulter und eine breite, tiefe Brust, der Rücken von mittlerer Länge mit leichter Senkung in der Sattellage und sachtem Übergang zur Nierenpartie, die Beine klar und fest, wobei der Unterarm möglichst länger als die Vorderröhre, der Unterschenkel länger als die Hinterröhre ist.

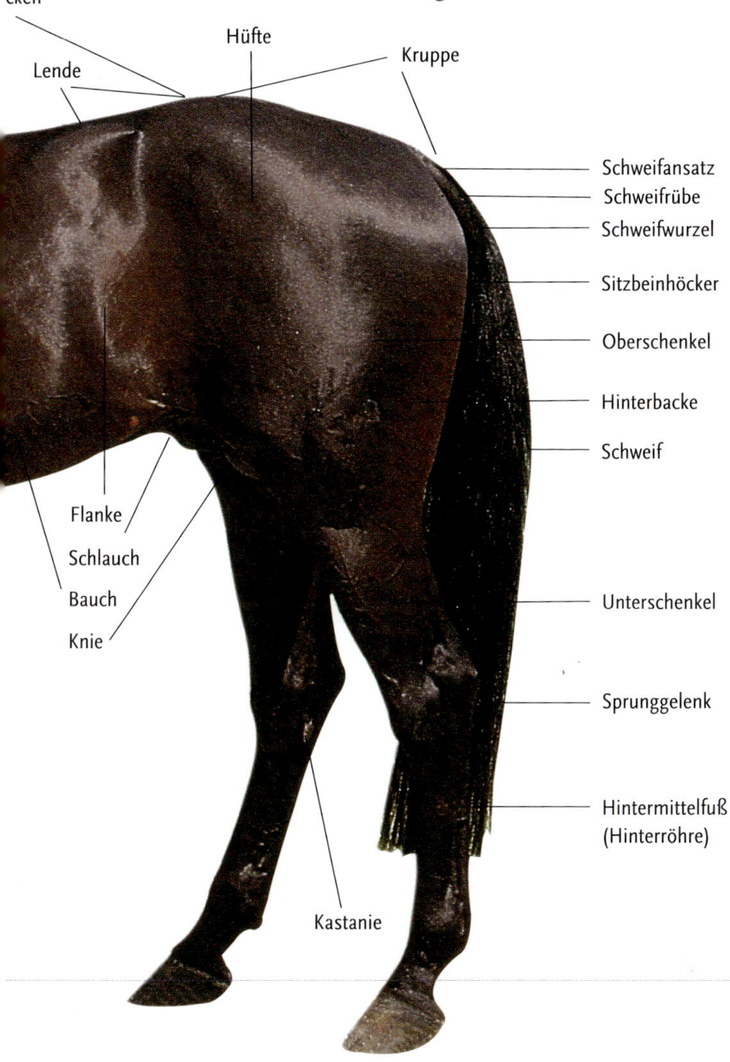

Knochenbau und Huf des Pferdes

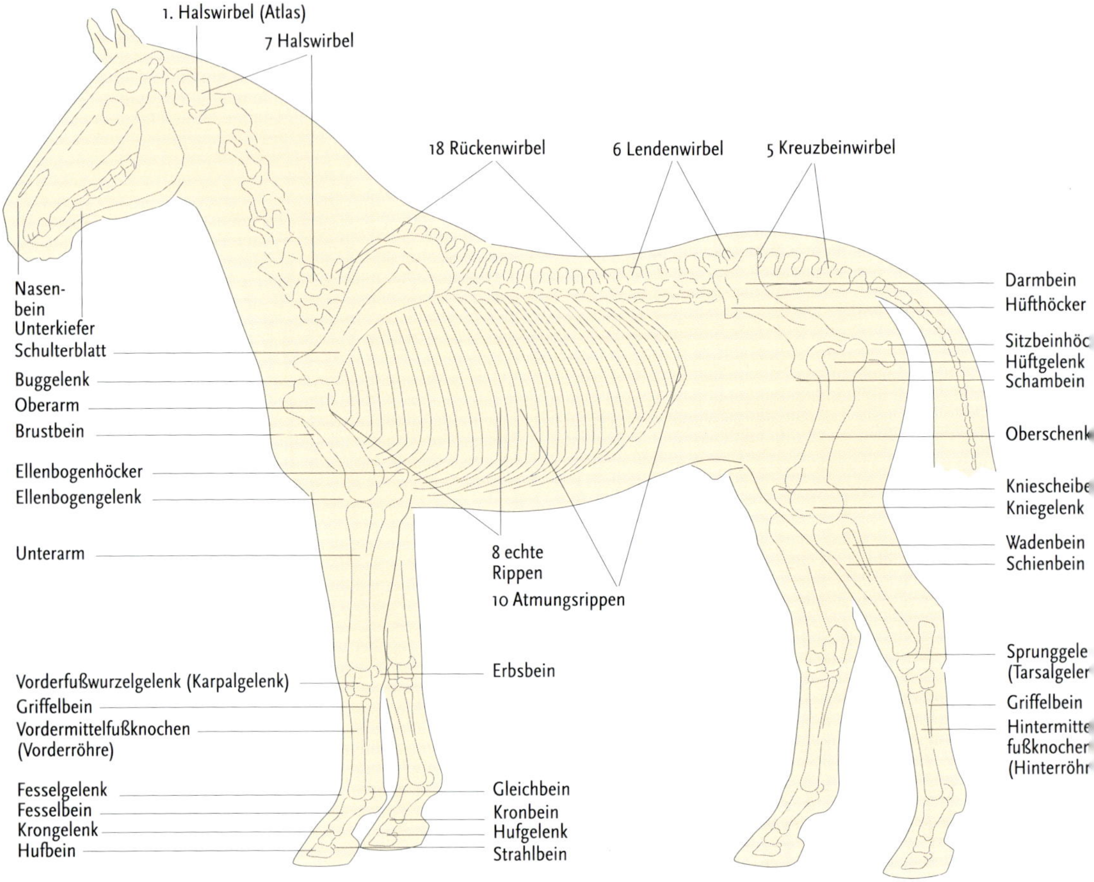

»Echte« und »falsche« Rippen

Das Pferd hat acht »echte« und zehn »falsche« oder Atmungsrippen. Die »echten« Rippen setzen oben an der Wirbelsäule an und sind unten fest mit dem Brustbein verbunden. Die Atmungsrippen haben ihren Ansatzpunkt zwar auch an der Wirbelsäule, sind jedoch am unteren Ende nur knorpelig miteinander verbunden und haben keine knöcherne Verbindung zum Brustbein, deshalb werden sie »falsche« Rippen genannt. Sie stabilisieren den Brustkorb, schützen die inneren Organe, vor allem die Lunge, und gewährleisten eine ausreichende Flexibilität für die Atmung.

Der Huf

Er besteht aus Horn, wobei das Horn des Strahls weicher ist als das des äußeren Bereichs. Der Huf ist in sich beweglich, elastisch: Beim Aufsetzen geht er etwas auseinander, beim Abheben zieht er sich zusammen.
Zehenmittel- und Zehenendgelenk (Kron- und Hufgelenk) sind Sattelgelenke, die außer ihrer Wechselbewegung auch Dreh- und Seitwärtsbewegungen ermöglichen. Ein komplizierter Bandapparat verbindet Fesselbein, Hufbein, Strahlbein und Hufknorpel miteinander.
Von der Krone, vom Saum aus wächst der Hornschuh nach unten. Dessen unterer Rand, der den Boden berührt, heißt Tragrand. Er geht über die sogenannte weiße Linie nach innen in den Huf, die Sohle über, die leicht nach oben gewölbt sein sollte; ist sie zu flach, vermindert sie die Elastizität des Hufmechanismus.
Der Strahl ist ein zähes, elastisches, keilförmiges Hornkissen, das den Raum zwischen den beiden Eckstreben ausfüllt. Er sollte gut ausgebildet sein, seine Sohle leicht gewölbt, seine Trachten von mittlerer Länge, weder zu steil noch zu flach. Gesunde Hufe sind neben einem gesunden Bewegungsapparat für die Leistungsfähigkeit des Pferdes entscheidend wichtig. Um ihre Festigkeit und Elastizität zu erhalten und sie sowohl vor dem Austrocknen als auch vor Fäulnis zu schützen, sind regelmäßige Pflege und sachgerechte Behandlung durch einen qualifizierten Schmied unerlässlich. Huffett wird nur auf feuchte, gründlich gesäuberte Hufe, Hufteer auf die Hufunterseite aufgetragen, um gegen Fäulnis vorzubeugen. Bei gesunden Hufen und falls nicht auf hartem Boden geritten wird, ist es zu empfehlen, das Pferd immer wieder »barfuß«, also ohne Eisen, gehen zu lassen.

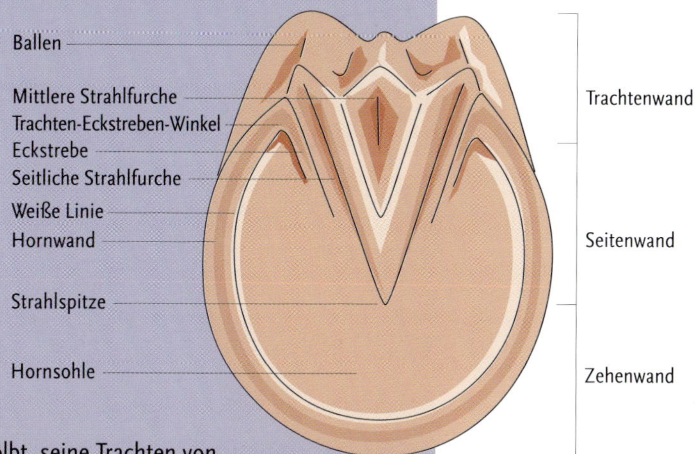

Wissens-Check

Welches sind die wichtigsten Bezeichnungen von Pferden nach ihrer Fellfarbe?

Man unterscheidet Schimmel (weiß), Rappen (schwarz), Braune und Füchse.

Was ist der Unterschied zwischen einem Braunen und einem Fuchs?

Ein Brauner hat braunes Deckhaar (Fell) und schwarzes Langhaar (Mähne und Schweif), beim Fuchs haben Deck- und Langhaar dieselbe Farbe.

Welche Farbabstufungen gibt es bei Braunen?

Licht- oder Hellbraune, Braune, Dunkelbraune und Schwarzbraune.

Welche Farbabstufungen können Füchse haben?

Hellbräunlichgelb bis dunkelrotbraun.

Was ist ein Sommerrappe?

Ein Rappe, dessen Fell im Winter bräunlich wird.

Welche verschiedenen Schimmelarten gibt es, und wie unterscheidet man sie?

Schimmel können andere Farbzusätze im Fell haben. Je nach Form und Farbe der dunkleren Zusätze spricht man von Grau-, Braun-, Fliegen-, Apfel-, Schwarz- oder Rotschimmeln.

Was ist stichelhaarig?

Ein Pferd, das in seinem Fell – besonders an Kopf, Schweifwurzel und Beinen – einzeln stehende weiße Haare hat, wird stichelhaarig genannt.

Was ist ein Schecke?

Ein Pferd mit mehr oder weniger großen, unregelmäßig geformten Flecken im Fell, die alle möglichen Farben haben können.

Welche Pferderassen gibt es?

Vollblüter, Warmblüter, Kaltblüter und Ponys.

Bis zu welcher Größe sprechen wir von einem Pony?

Bis zu einem Stockmaß von 1,48 m.

Was ist ein Stockmaß?

Beim Stockmaß wird die Größe des Pferdes mit einem Meterstab senkrecht vom Boden bis zum Widerrist gemessen. Daneben gibt es das Bandmaß, bei dem am Widerrist ein Band angelegt und über die Schulter zum Boden geführt wird. Diese Methode ist ungenauer und deshalb weniger üblich.

Ein typisches Kennzeichen des Haflingers ist die lange, helle Mähne

Welches sind die bekanntesten Ponyrassen?

Norwegische Fjordpferde, Haflinger, Dülmener Wildpferde, Connemara-, Island-, Shetland-, Welshponys und Deutsche Reitponys.

Kannst du einige deutsche Zuchtgebiete für Warmblüter nennen?

Baden-Württemberg, Bayern, Hannover, Hessen, Mecklenburg-Vorpommern, Oldenburg, Rheinland, Sachsen, Sachsen-Anhalt, Schleswig-Holstein, Thüringen, Trakehner Bundeszucht, Westfalen.

Umgang mit Pferden

Der Umgang der Betreuer mit dem Pferd gibt wichtige Hinweise nicht nur auf die Atmosphäre im Betrieb, sondern vor allem auch auf Haltung und Behandlung der Pferde. Wenn beim Führen oder Putzen Ruhe, Behutsamkeit und Umsicht herrschen, der Ton bestimmt, aber freundlich ist, braucht man keine Bedenken zu haben. Herumschreien oder gar Grobheiten sollten jeden warnen: Dieser Stall ist nichts für mich und mein Pferd.

Außer einem ruhigen, behutsamen, aber bestimmten Auftreten sind bei allen Tätigkeiten am Pferd intensiv eingeübte, sichere und sachgerechte Handgriffe sehr wichtig: Unnötig langes, ungeschicktes oder gar hektisches Herumhantieren kann das bravste Pferd irritieren, nervös machen und gefährliche Reaktionen provozieren. Im schlimmsten Fall führt dies zu einer Umkehrung der Rangfolge Mensch-Tier und kann dann auch gefährlich werden.

Tätigkeiten wie das Herantreten ans Pferd, das Anlegen des Halfters, das Führen, das Anbinden, das Putzen des Pferdes usw. müssen daher gründlich erlernt und absolut sicher beherrscht werden.

Klare Signale setzen

▸ So nähert man sich einem Pferd

Besonders bei fremden Pferden sollte man vorsichtig sein und genau auf ihre Verhaltensmerkmale achten. Bevor du an das Pferd herantrittst, sprichst du es ruhig, aber gut vernehmbar, am besten mit seinem Namen an, damit es auf dich aufmerksam wird und nicht erschrickt.

An das angebundene Pferd tritt man immer von der Seite in Schulterhöhe heran, dem in der Box stehenden Pferd gewöhnt man an, zur Tür zu kommen, sobald diese geöffnet wird. Pferde

Zum Einfangen nähert man sich dem Pferd von vorn-seitwärts

sind neugierig, daher kommen sie meist von sich aus. Wenn nicht, kann ein Leckerbissen hilfreich sein.

Auf der Weide nähert man sich dem Pferd von vorn-seitwärts, spricht dabei mit ihm und lockt es mit einem Leckerbissen an – aber nur, wenn es allein auf der Weide ist! Bei Anwesenheit anderer Pferde kann es leicht zu einer Rauferei kommen.

Auf keinen Fall darf man an ein Pferd unmittelbar von hinten herantreten, weil es erschrecken und reflexartig ausschlagen könnte. Auch Pferde, die sich auf der Weide in freundlicher Absicht einander nähern, tun dies von vorn-seitwärts.

Wissens-Check

Was ist vor dem Herantreten an ein Pferd zu beachten?

Ich spreche es vorher ruhig, aber gut vernehmbar, am besten mit seinem Namen an.

Warum ist das Ansprechen wichtig?

Ich mache das Pferd dadurch auf mich aufmerksam, damit es nicht erschrickt und eventuell ausschlägt.

Von wo trittst du an das Pferd heran und warum?

Immer vorn von der Seite (und zwar von der linken), damit es mich sehen kann.

Von wo darf man nie an ein Pferd herantreten?

Von hinten. Es könnte erschrecken und ausschlagen.

Wie näherst du dich einem Pferd, das in der Box steht?

Ich gewöhne ihm an, zur Tür zu kommen, sobald ich diese öffne und es anspreche.

Wie gewöhnst du einem Pferd an, zur Boxentür zu kommen?

Indem ich es anspreche und ihm eventuell einen Leckerbissen anbiete.

EXTRA·TIPP

Kein Halfter auf der Weide!

Pferde sollten auf der Weide oder in der Box kein Halfter tragen, da sie in ihm hängen bleiben und sich verletzen könnten. Das passiert zum Beispiel leicht, wenn das Pferd versucht, sich mit dem Hinterbein am Kopf zu kratzen.

Das Anlegen des Halfters

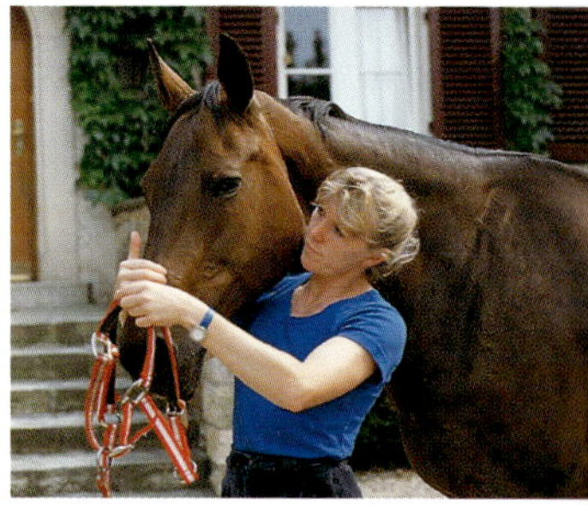

Zum Anlegen des Halfters stellt man sich neben den Hals, dicht hinter den Pferdekopf

Vor dem Führen ist zuerst das Halfter anzulegen. Es ist wichtig, dass man die einzelnen Handgriffe für das Anlegen des Halfters sicher und geschickt beherrscht, damit das Pferd nicht ungeduldig und unruhig wird.

Zuerst wird das Halfter geordnet, dabei sieht man nach, ob es am Nacken- oder am Kehlriemen geschlossen wird, damit das Anlegen schnell und problemlos vonstatten gehen kann.

Man tritt von der linken Seite an das Pferd heran und stellt sich neben den Hals, dicht hinter den Pferdekopf. Wenn das Pferd sich nicht umdrehen will, spricht man es an und lockt es mit einem Leckerbissen. Dann legt man die rechte Hand auf den Nasenrücken, die linke schiebt den Nasenriemen darüber. Wenn das Nackenstück geschlossen ist, wird es behutsam über die Ohren gestreift. Beim verschnallbaren Nackenriemen wird dieser in der passenden Länge zugeschnallt.

Vor dem Schließen des Halfters kontrolliert man, ob alles glatt liegt. Falls das Halfter am Nackenriemen verschnallbar ist, muss es so angepasst werden, dass der Nasenriemen mindestens vier Finger breit über den Nüstern und auf dem harten Bereich des Nasenrückens liegt. Um das Pferd sicher führen zu können, muss am Halfter ein stabiler Führstrick mit Panikhaken befestigt sein. Am sichersten ist eine Führkette!

Welches Halfter wählen?

Die genaue Bezeichnung ist Stallhalfter, um den Unterschied zum Reithalfter zu kennzeichnen.
Halfter gibt es in verschiedenen Ausführungen, Preisklassen und Materialien, aus Kunstfasern, Baumwolle oder Leder. Wie bei allen Ausrüstungsgegenständen gilt auch hier der Grundsatz: Keine Billigware verwenden! Das Halfter muss vor allem stabil sein und darf keine (billig gestanzten) scharfen Kanten an den Metallteilen aufweisen. Schön und stabil sind Lederhalfter.

Nasenriemen anlegen

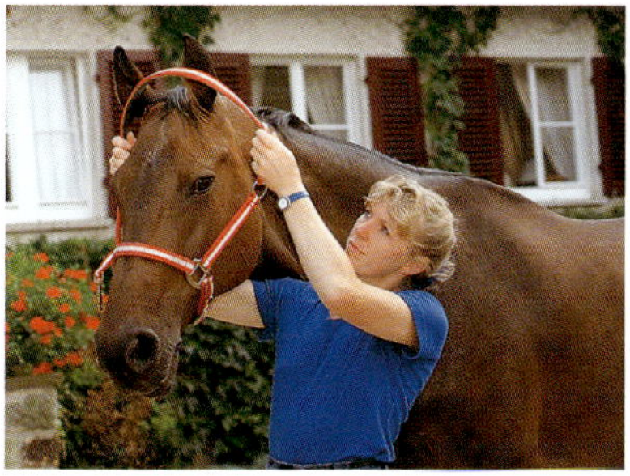

Nackenstück über die Ohren streifen

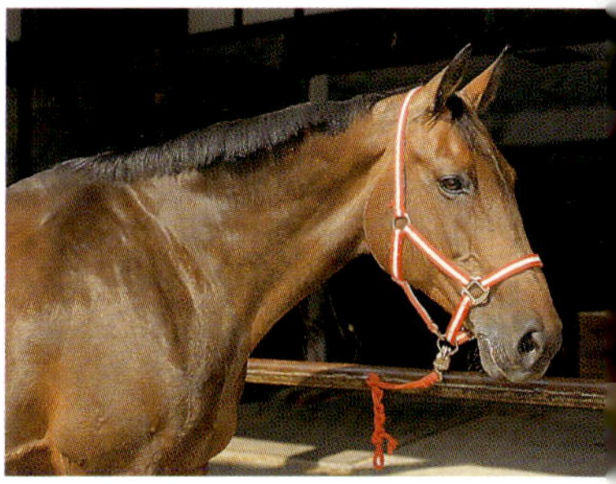

So sitzt das Halfter richtig!

Wissens-Check

Was ist vor dem Anlegen des Halfters zu beachten?

Ich ordne das Halfter. Dann trete ich vorn von der linken Seite an das Pferd heran und stelle mich neben den Hals, dicht hinter den Pferdekopf.

Wie legt man das Halfter an?

Man legt die rechte Hand auf den Nasenrücken, die linke schiebt den Nasenriemen darüber, dann wird das Nackenstück über die Ohren gezogen. Vor dem Schließen des Halfters kontrolliert man, ob alles glatt liegt.

Wie wird das Halfter angepasst, falls es am Nackenriemen verschnallbar ist?

Der Nasenriemen muss mindestens vier Finger breit über den Nüstern und auf dem harten Teil des Nasenrückens liegen.

Was machst du, wenn sich das Pferd nicht umdrehen will und dir hartnäckig sein Hinterteil zuwendet?

Ich spreche mit ihm, gehe vorn von der Seite auf es zu und locke es mit einem Leckerbissen.

EXTRA·TIPP

Üben mit mentalem Training

Eine bewährte zusätzliche Möglichkeit, das richtige Führen zu lernen, ist die des mentalen Trainings – man kann das ganz allein tun und braucht nicht einmal ein Pferd dafür! Präge dir anhand des Textes und der Abbildungen die Handgriffe und Vorgänge noch einmal genau ein. Wenn du dir dann ganz intensiv vorstellst, wie ein Pferd geführt wird, wirkt sich das so aus, als ob du es wirklich üben würdest. Du hast das Führen so verinnerlicht, dass es in der Praxis tatsächlich klappt.

Richtig führen

HANDGRIFFE UND RICHTIGES VERHALTEN Beim Führen ist beides für den sicheren, gefahrlosen Umgang mit Pferden wichtig! Wenn das Pferd brav neben dir herläuft, ist alles kein Problem. Probleme kann es beim Passieren anderer Pferde geben oder, wenn du das Pferd nach längerer Zeit wieder auf die Weide führst. Man sollte es immer wieder selbst üben, aber auch nicht davor zurückscheuen, sich in schwierigen Situationen helfen zu lassen.

FÜHREN MIT HALFTER UND STRICK Geführt wird ein Pferd von links in Höhe des Pferdekopfes. Am Halfter führt man das Pferd, indem die rechte Hand den Strick dicht unter dem Halfter fasst, die linke hält das andere Strickende. Lediglich ganz brave Pferde darf man mit etwas längerem Strick und nur mit der rechten Hand führen.

Beim Führen hinter anderen Pferden ist besonders auf das Einhalten der Sicherheitsabstände von zwei Pferdelängen (ca. 5 m) zu achten. Durch enge Türen, Tore und ähnliche Durchgänge geht man immer voraus und tritt dann zur Seite, um das Pferd vorbeizulassen.

Sieh dem Pferd beim Führen nicht in die Augen, da es das als Aufforderung zum Stehenbleiben auffassen könnte. Zudem kann man mit nach vorn gerichtetem Blick auch kleine Hindernisse und Gefahren rechtzeitig erkennen.

Geführt wird links in Höhe des Pferdekopfes

Damit das Führen klappt

- Geführt wird das Pferd von links in Höhe des Pferdekopfes.
- Wenn ein gesatteltes Pferd geführt wird, müssen die Bügel hochgeschoben und auch die Ausbinder hochgeschnallt sein! Herunterbaumelnde Bügel sind eine Gefahrenquelle, weil sie an Gegenständen hängen bleiben können.
- Niemals Strick oder Zügel um Handgelenk, Hand oder einzelne Finger wickeln! Wenn das Pferd erschrickt und wegläuft, könnte es dich mitschleifen und dich dabei schwer verletzen.
- Wichtig: Sicherheitsabstand zu anderen Pferden einhalten!
- Bei engen Türen geht man voran und tritt dann zur Seite, um das Pferd durchzulassen. Versuche nie, dich gleichzeitig mit dem Pferd hindurchzuquetschen.
- Achte auf deine Füße! Schütze sie durch festes Schuhwerk.
- Richtiges, fachgerechtes Führen ist eine wichtige Voraussetzung für die eigene Sicherheit sowie die Sicherheit anderer Personen und Pferde. Daher: Kein Risiko eingehen – lieber andere um Hilfe bitten!

Es kann bei Pferden, die sich nicht problemlos geradeaus führen lassen, helfen, wenn man einen Richtungswechsel vornimmt, den Pferdekopf zur Seite und das Pferd nach rechts oder links anstatt geradeaus führt. Wenn es von der Linie abweicht, hält man die linke Hand in die Höhe der Pferdeaugen.

Sollte das Pferd zurück- oder stehen bleiben, darf man auf keinen Fall versuchen, es hinter sich herzuziehen, sondern fordert es durch Zuspruch und leichtes Zungenschnalzen zum Mitgehen auf! Auch hier hilft es, einen Richtungswechsel (wie oben) vorzunehmen.

Mit Halfter und Strick sollte das Pferd nur im Stallbereich geführt werden. Pferde sind im Außengelände, z. B. beim Führen auf die Weide oder beim Spazierenführen, oft besonders lebhaft und mit Strick und Halfter allein schwer zu bremsen.

FÜHREN MIT HALFTER UND FÜHRKETTE Eine sinnvolle Möglichkeit bei heftigen Pferden ist die Führkette. Man legt die Führkette über den Nasenriemen des Halfters, zieht sie rechts in die Öse des Nasenriemens und zurück über dessen linke Öse. Da-

▸ EXTRA·TIPP

▸ **Achtung beim Passieren anderer Pferde**

Wenn man an anderen Pferden vorbeigeht, sollte man diese immer deutlich ansprechen und, wo irgend möglich, den Sicherheitsabstand wahren! Es kommt natürlich vor allem in Stallgassen vor, dass man an einem angebundenen Pferd vorbeigehen muss und ein größerer Abstand nicht eingehalten werden kann. Hier sollte eine andere Person das angebundenen Pferd zur Seite treten lassen und die Reaktionen der Pferde überwachen. Achte auch beim eigenen angebundenen Pferd immer auf andere, die vorbeiführen wollen. Nimm Rücksicht!

Die Führkette

Man zieht die Kette durch den linken unteren, seitlichen Halfterring und einmal über den Nasenriemen, damit sie nicht herunterrutscht. Dann führt man sie durch den rechten Halfterring und hakt den Karabinerhaken im oberen Halfterring ein. Der Verschluss muss nach außen zeigen. Er lässt sich dann leicht wieder öffnen und verursacht keine unangenehmen Scheuer- oder Druckstellen am Kopf des Pferdes.

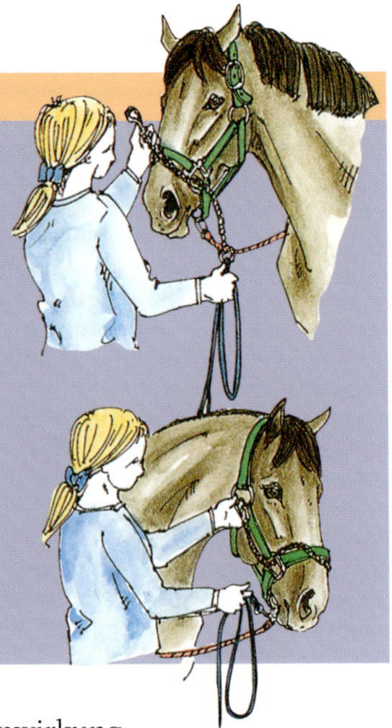

durch hat man erheblich mehr Einwirkung auf das Pferd: Es lässt sich so am kleinen Finger führen. Aber Achtung: Die Kette wirkt viel stärker auf den Nasenrücken ein als das bloße Halfter, deshalb niemals an der Führkette ziehen! Auch beim Verladen kann eine Führkette hilfreich sein, da sie ein sicheres Führen ermöglicht.

FÜHREN AN DER LONGE Eine Möglichkeit, übermütige Pferde draußen sicher zu führen, ist das Führen an der Longe. Vor allem das Führen auf die Weide kann man sich damit erheblich erleichtern.

Wer ein Pferd an der Longe führt, sollte allerdings gelernt haben, mit dieser umzugehen. Achtung, dass das Pferd nicht auf die Longe tritt oder sich die Longe irgendwo verhakt.

Wenn ein Pferd trotz aller Bemühungen heftig vorwärts stürmt, man es nicht »halten« kann, sollte sich niemand schämen, den Reitlehrer oder eine andere Person mit Pferdeerfahrung um Hilfe zu bitten. Viel schlimmer wäre es, wenn dir, dem Pferd, beiden oder anderen etwas passiert!

FÜHREN MIT DER TRENSE Beim Führen des aufgetrensten Pferdes werden die Zügel vom Hals genommen, die rechte Hand fasst sie dicht hinter den Trensenringen, die linke Hand ergreift die Zügelenden. Dies ist die sicherste Art, ein Pferd mit den

Zügeln zu führen! Nur auf kurzen Strecken in eingegrenzten Plätzen und Gebäuden und, wenn das Pferd wirklich ruhig und brav ist, dürfen die Zügel auf dem Hals bleiben.

Eine weitere Methode, das Pferd mit den Zügeln zu führen, ist die mit einer Hand (der rechten): Die Zügel werden dabei vom Hals genommen, die Zügelenden zusammengelegt und vom Daumen festgehalten. Diese Art des Führens wird vor allem beim Vorführen verlangt.

Bei Wendungen wird das Pferd in einem möglichst großen Rechtsbogen behutsam herumgeführt (niemals ruckartig drehen!). Dabei mit ihm sprechen! Die rechte Hand übt einen leichten Druck auf den linken Zügel aus, die linke Hand ist erhoben. Durch den Rechtsbogen wird die Gefahr vermindert, dass das Pferd die Führperson überholt und ihr, falls es scheut, in die Beine läuft.

Wenn das Pferd gesattelt ist, müssen die Bügel hochgeschoben und die Riemen durch die Bügel gesteckt werden, damit diese nicht herunterrutschen können.

Hilfszügel werden grundsätzlich erst unmittelbar vor dem Aufsitzen befestigt. Die Ausbinder werden in die seitlichen Ösen des Sattels gehakt, beim Martingal werden die Zügel noch nicht durch die Ringe geführt.

Wendungen werden in einem großen Rechtsbogen ausgeführt

Ein auf Kandare gezäumtes Pferd führt man an den vom Hals genommenen Trensenzügeln, die Kandarenzügel bleiben auf dem Hals liegen. Auf kurzen Strecken dürfen auch die Trensenzügel auf dem Hals liegen bleiben, dann werden jedoch nur die Trensenzügel angefasst.

Wenn das Pferd zu heftig vorwärts drängt, beruhigt man es mit der Stimme und fängt es durch kurze Zügelanzüge auf, denen jeweils ein sofortiges Nachlassen folgen muss. Zusätzlich kann die linke Hand, vor die Pferdenase gehalten, das Tempo verlangsamen.

EXTRA·TIPP

Achtung!

Eine Methode, übermütige Pferde auf die Weide zu bringen, ist das Führen an der Longe. Man lässt das Pferd dann auf der Weide – ebenfalls an der Longe – eine ganze Weile ruhig grasen, bevor man das Halfter abnimmt. Voraussetzung ist jedoch, dass man mit der Longe umgehen kann und sorgfältig darauf achtet, dass das Pferd nicht in diese hineintritt.

Weidegang: führen, freilassen, einfangen

Auch das bravste Pferd kann im Außengelände einmal erschrecken, durch ungewohnte Reize abgelenkt werden oder einfach seiner Vorfreude auf die Weide übermütig Luft machen. Deshalb ist es dringend zu empfehlen, ihm für den Weg zur Weide eine Führkette anzulegen.

Achte darauf, dass das Pferd absolut ruhig stehen bleibt, wenn du den Eingang zur Weide oder zum Paddock öffnest und

Zu zweit klappt es besser

wieder schließt. Am besten, eine andere Person hilft dabei! Erst nachdem das Pferd dazu aufgefordert wurde, darf es neben der Führperson die Weide betreten. Sprich mit ihm, führe es auf einer großen Volte herum und stell es mit dem Kopf zum Eingang auf. Lass es dann eine Weile (bei Weideneulingen und sehr übermütigen Pferden bis zu zwei Minuten) still stehen. Es sollte sich gar nicht erst angewöhnen, sofort loszustürmen!

Vor dem Abstreifen des Halfters tritt man vor das Pferd, stellt es gerade und mit gerade gerichtetem Kopf vor sich auf. Dann wird die Schnalle des Halfters gelöst. Du trittst so weit zurück, dass dich die Hufe nicht erreichen können, falls das Pferd sich aus Freude über seine Freiheit umdreht, übermütig buckelt und ausschlägt.

Zum Einfangen nähert man sich dem Pferd von vorn-seitwärts und spricht es dabei an. Wenn keine anderen Pferde auf der

Weide sind, darf ein Leckerbissen angeboten werden. Klopfe lobend den Pferdehals, damit das Einfangen in angenehmer Erinnerung bleibt. Lege dann das Halfter mit Kette und Führstrick an. Sollte das Pferd einmal nicht stehen bleiben, kannst du ihm auch zuerst den Strick um den Hals legen und danach das Halfter überstreifen. Auf gar keinen Fall einem Pferd, das wegrennt, nachlaufen! Warte gelassen ab, bis es ruhig stehen bleibt, und nähere dich ihm von neuem.

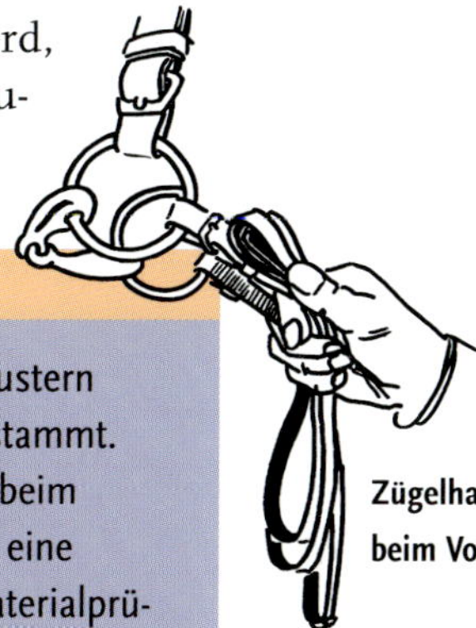

Zügelhaltung beim Vorführen

Exkurs: Vorführen eines Pferdes

Das Vorführen des Pferdes wurde früher Mustern oder Vormustern genannt – ein Ausdruck, der aus der Sprache der Kavallerie stammt. Vorgeführt wird ein Pferd zum Zweck der Pferdebeurteilung, beim Pferdekauf und -verkauf oder für den Tierarzt, der dabei z. B. eine Lahmheit genauer erkennen kann. Es gibt Prüfungen, wie Materialprüfungen, Stuten- und Hengstschauen, bei denen das Pferd vorgeführt wird. Hier werden das Exterieur (Gebäude) im Stand und die Bewegungen auf einer Dreiecksbahn im Schritt und Trab beurteilt. Die Dreiecksbahn (ein gleichseitiges Dreieck mit einer Seitenlänge von 15 bis 20 m) ist vorteilhaft, weil der Beurteiler an der Ecke steht und somit das Pferd in der Bewegung von der Seite, von hinten und von vorne sehen kann. Beim Vorführen ist Folgendes zu beachten:

- Zügelhaltung erfolgt mit einer, der rechten Hand.
- Geführt wird das Pferd in Schulterhöhe und im Gleichschritt mit den Vorderbeinen.
- Bei der Aufstellung tritt die Führperson vor das Pferd, hält mit jeder Hand einen Zügel und zeigt das Pferd in geöffneter Stellung (vgl. S. 59).

Die Aufstellung beim Vorführen

Vorgeführt wird im Gleichschritt mit den Vorderbeinen

Zu zweit kann man sich ...

... die Handgriffe teilen.

Das Pferd wird erst ...

... in der Weide losgelassen!

Tipps zum ersten Weidegang im Frühjahr

- Der erste Weidegang, z. B. im Frühjahr oder nach längerer Weidepause, sollte besonders gut und gründlich vorbereitet werden. Pferde, die nicht regelmäßig auf die Weide dürfen, könnten sich sonst in ihrem unregulierten Übermut ernsthaft verletzen.
- Jeder Sportler weiß, dass er sich vor einer sportlichen Leistung aufwärmen muss, weil ohne diese Erwärmung die Verletzungsgefahr groß ist. Das gilt auch für das Pferd, das gleichsam in einem Kaltstart auf der Weide lostobt!
- Deshalb das Pferd erst nach der Arbeit, also nicht unbewegt, auf die Weide bringen! Es kann vorher auch ablongiert werden.
- Vor dem ersten Weidegang nicht füttern! Der Hunger auf frisches Gras wird von anderen Reizen ablenken und unkontrolliertes Herumtoben eindämmen.
- Aber Vorsicht – Gras ist zwar für frei lebende Pferde das natürlichste Futter. Unsere Tiere jedoch, die während des Winters im Stall sind, müssen im Frühjahr ganz allmählich von der Winterfütterung auf das frische Grün umgestellt werden. Junges Gras in größeren Mengen kann gefährlich sein, da es viel Eiweiß, Zucker, Mineralstoffe und Stärke, aber wenig Rohfasern enthält. Das ist zwar gut für den Fellwechsel, zu viel des Guten kann aber zu Hufrehe, Kolik und Durchfall führen.
- Wichtig ist auch, dass man beim ersten Weidegang noch eine Weile dabeibleibt, das Pferd beobachtet und mit der Stimme beruhigt.
- Das ist besonders dann notwendig, wenn das Pferd zum ersten Mal zusammen mit anderen Pferden auf die Weide kommt. Pferde, die versuchen sich zu schlagen oder zu beißen, müssen sofort getrennt werden! Erst wenn alle friedlich nebeneinander grasen, kann man sie allein lassen.
- Vor dem ersten Weidegang zusammen mit anderen Pferden ist es ratsam, die Eisen abzunehmen. Man kann den Hufschmied darum bitten, zwischen dem Abnehmen der alten Eisen und dem Neubeschlag eine Pause von ein paar Tagen einzulegen.

Wissens-Check

Wie wird ein Pferd geführt?

Immer links und in Höhe des Pferdekopfes. Ich achte darauf, dass das Pferd den Kopf gerade hält und geradeaus geht. Wenn es von der Linie abweicht, hilft es, wenn man die linke Hand in Augenhöhe hält.

Wie führt man ein Pferd am Halfter?

Die rechte Hand fasst den Strick dicht unter dem Halfter, die linke hält das andere Strickende. Lediglich ganz brave Pferde darf man mit etwas längerem Strick und nur mit der rechten Hand führen.

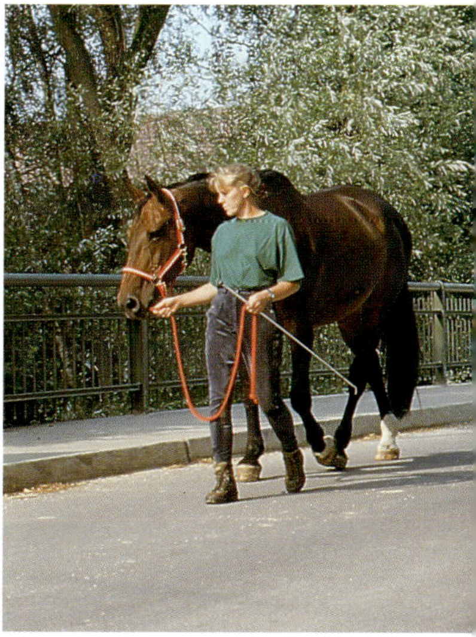

Führen des Pferdes am Halfter mit beiden Händen

Wo wird ein Pferd mit Strick und Halfter geführt?

Nur im Stallbereich.

Wie wird das Pferd mit dem Halfter im Außengelände am sichersten geführt?

Mit einer Führkette.

Warum ist eine Führkette zu empfehlen?

Aus Sicherheitsgründen. Pferde sind im Außengelände, z. B. beim Führen auf die Weide oder beim Spazierenführen, oft besonders lebhaft und mit Strick und Halfter allein schwer zu bremsen. Auch beim Verladen sollte stets eine Führkette benutzt werden.

Gibt es neben der üblichen Methode, die Führkette anzulegen (s. Kasten S. 48), noch weitere?

Es gibt noch verschiedene andere Möglichkeiten, die Führkette anzulegen. Eine wichtige Variante ist die, bei der die Kette unter dem Kinn des Pferdes verläuft: Der Karabiner wird links durch den unteren seitlichen Halfterring geführt. Die Kette wird unter dem Kinn des Pferdes, durch den rechten unteren Ring und dann hoch zum oberen Halfterring geführt, wo der Karabiner eingehakt wird.

Wie wird ein aufgetrenstes Pferd geführt?

Ich nehme die Zügel vom Hals, fasse sie mit der rechten Hand dicht hinter den Trensenringen und nehme die Zügelenden in die linke Hand.

Darf man ein Pferd auch mit den Zügeln auf dem Hals führen?

Ja – aber nur auf kurzen Strecken in eingegrenzten Plätzen und Gebäuden und, wenn das Pferd wirklich ruhig und brav ist.

Welche weitere Methode des Führens mit Zügeln gibt es?

Das Führen mit einer Hand (der rechten). Die Zügel werden vom Hals genommen, die Zügelenden zusammengelegt und vom Daumen festgehalten. Diese Art des Führens wird vor allem beim Vorführen verlangt.

Führen des aufgetrensten Pferdes mit beiden Händen

Welches ist die sicherste Art des Führens?

Mit beiden Händen.

Was geschieht mit den Steigbügeln, wenn das Pferd gesattelt ist?

Die Bügel werden zum Führen am unteren Bügelriemen hochgeschoben, die Riemen durch die Bügel gesteckt, damit diese nicht herunterrutschen können.

Was machst du vor dem Führen mit den Hilfszügeln?

Hilfszügel werden grundsätzlich erst unmittelbar vor dem Aufsitzen befestigt. Ausbinder werden in die seitlichen Ösen des Sattels gehakt, beim Martingal werden die Zügel noch nicht durch die Ringe geführt.

Wie führt man ein auf Kandare gezäumtes Pferd?

Ein auf Kandare gezäumtes Pferd führt man an den vom Hals genommenen Trensenzügeln, die Kandarenzügel bleiben auf dem Hals liegen. Auf kurzen Strecken dürfen auch die Trensenzügel auf dem Hals liegen bleiben, dann werden jedoch nur die Trensenzügel angefasst.

Wie verhältst du dich, wenn das Pferd beim Führen hinter dir zurück- oder stehen bleibt?

Ich darf auf keinen Fall versuchen, es hinter mir herzuziehen. Durch Zuspruch und leichtes Zungenschnalzen fordere ich es zum Mitgehen auf.

Weshalb sollte man dem Pferd beim Führen nicht in die Augen sehen?

Weil es gewohnt ist, dann stehen zu bleiben. Zudem kann ich mit nach vorn gerichteten Augen auch kleine Hindernisse und Gefahren rechtzeitig erkennen.

Was tust du, wenn das Pferd zu heftig vorwärts drängt?

Ich beruhige es mit der Stimme und fange es durch kurze Zügelanzüge auf, denen jeweils ein sofortiges Nachlassen folgen muss. Zusätzlich kann die linke Hand, vor die Pferdeaugen gehalten, das Tempo verlangsamen.

Was ist beim Führen hinter anderen Pferden besonders zu beachten?

Die Sicherheitsabstände von zwei Pferdelängen (ca. 5 m) müssen unbedingt eingehalten werden.

Wie werden beim Führen Wendungen ausgeführt?

Ich führe das Pferd in einem möglichst großen Rechtsbogen behutsam herum (niemals ruckartig drehen!) und spreche dabei mit ihm. Mit der rechten Hand übe ich einen leichten Druck auf den linken Zügel aus und erhebe die linke Hand.

Warum werden Wendungen immer rechts herum durchgeführt?

Dadurch wird die Gefahr vermindert, dass das Pferd die Führperson überholt und ihr, falls es scheut, in die Beine läuft.

Wie führt man durch enge Türen, Tore und ähnliche Durchgänge?

Man geht immer voraus und tritt dann zur Seite, um das Pferd vorbeizulassen.

Was muss beachtet werden, wenn man ein Pferd an anderen Pferden vorbeiführt?

Wenn genügend Platz ist, also draußen, muss der Sicherheitsabstand von ca. zwei Pferdelängen eingehalten werden.

Was machst du, bevor du hinter einem anderen Pferd vorbeiführst?

Ich spreche es deutlich vernehmbar und mit beruhigender Stimme an.

Wie verhält man sich beim Passieren von anderen Pferden, die in der Stallgasse angebunden sind?

Da hier die Einhaltung des Sicherheitsabstandes nicht möglich ist, sollte grundsätzlich eine andere Person das zu passierende Pferd am Kopf halten, mit ihm sprechen, es beruhigen und zur Seite treten lassen. In Ställen mit zwei Ausgängen kann diese Situation vermieden werden, indem Pferde nur in einem Teil der Stallgasse angebunden werden, sodass der andere Ausgang frei bleibt.

Wie wird das Pferd zu Weide oder Paddock geführt?

Mit einer Führkette oder an der Longe.

Wie verhältst du dich vor dem Freilassen in Weide oder Paddock?

Ich stelle das Pferd mit dem Kopf zum Eingang auf, trete vor das Pferd, stelle es gerade und mit gerade gerichtetem Kopf vor mir auf und spreche beruhigend mit ihm. Vor dem Freilassen das Pferd grundsätzlich eine ausreichende Zeit still stehen lassen, damit es sich gar nicht erst angewöhnt, sofort loszustürmen! Eine gute Möglichkeit für diese Gewöhnung ist das Grasenlassen an der Longe.

Worauf ist beim anschließenden Freilassen zu achten?

Ich löse die Schnalle des Halfters, bevor ich es abstreife. Danach trete ich so weit zurück, dass mich die Hufe nicht erreichen können. Es muss immer damit gerechnet werden, dass das Pferd seinem Übermut Luft macht, sich umdreht, buckelt und ausschlägt!

Das Grasenlassen an der Longe ist eine gute Möglichkeit, das Pferd in Ruhe an die Weide zu gewöhnen

Warum sollte das Halfter abgenommen werden?

Weil das Pferd – wenn es sich z. B. mit dem Hinterbein am Kopf kratzt – in ihm hängen bleiben und sich dabei verletzen könnte.

Was ist beim Einfangen des Pferdes auf der Weide zu beachten?

Man nähert sich ihm ruhig von vorn-seitwärts, spricht es an und lockt es eventuell mit einem Leckerbissen.

Bei welchen Anlässen wird ein Pferd vorgeführt?

Zum Zweck der Pferdebeurteilung, also etwa beim Pferdekauf und -verkauf, bei Materialprüfungen, Stuten- und Hengstschauen, aber auch für den Tierarzt, der dabei z. B. eine Lahmheit genauer erkennen kann.

Wie werden die Zügel beim Vorführen (auch »Mustern« genannt) gehalten?

Ich nehme die Zügel vom Hals. Der Zeigefinger der rechten Hand greift ein bis zwei Handbreit hinter den Trensenringen zwischen die Zügel, wobei der rechte Zügel etwas kürzer gefasst wird. Das Zügelende wird doppelt zusammengelegt und ebenfalls in die rechte Hand genommen, der Daumen auf die Zügel aufgesetzt.

Wie wird erreicht, dass der Beschauer das Pferd möglichst vorteilhaft, in taktreinen, schwungvollen Gängen sehen kann?

Der Vorführende geht ungefähr in Schulterhöhe des Pferdes und hält Gleichschritt mit dessen Vorderbeinen. Durch Zungenschnalzen bzw. leichtes Annehmen und sofort folgendes Nachgeben mit den Zügeln reguliert er das Tempo. Wendungen werden auch hier nach rechts ausgeführt. Pferde, die allzu heftig vorwärts drängen, beruhigt man zusätzlich mit der vor die Pferdeaugen erhobenen linken Hand und beruhigender Stimme.

Wie sieht die Aufstellung aus?

Der Vorführende tritt vor das Pferd und hält mit jeder Hand einen Zügel, das Zügelende in der rechten. Ist der Boden uneben, sollte die Hinterhand etwas tiefer stehen. Das Pferd wird in geöffneter Stellung gezeigt: Auf der Seite, die dem Beschauer zugewandt ist, lässt man das Vorderbein einen halben Schritt vor-, das Hinterbein einen halben Schritt zurücktreten. Stellungskorrekturen werden stets nach vorne ausgeführt. Das Pferd soll bei der Aufstellung Kopf und Hals frei tragen.

EXTRA-TIPP

Achtung, Befreiungskünstler!

Achte vor allem auch darauf, dass es deinem außerhalb einer Box stehenden Pferd nicht gelingen kann, den Riegel der Boxentür zu öffnen und den Artgenossen zu »befreien«. Frei auf der Stallgasse oder draußen herumlaufende Pferde sind eine große Gefahr!
Es gibt auch Pferde, die den Knoten ihres Stricks öffnen können, daher sollte man sich den Sicherheitsknoten angewöhnen.

Richtig anbinden

Das richtige, fachgerechte Anbinden des Pferdes ist für die Sicherheit aller Beteiligten außerordentlich wichtig. Man kann es sich gar nicht gründlich genug einprägen, es nicht oft genug üben. Die Handgriffe sollten ohne langes Überlegen, »wie im Schlaf« klappen.

So sieht der richtige Anbindeknoten aus

Wissens-Check

Was ist über Anbindestrick, Führkette und Halfter zu sagen?

Sie müssen stabil und in einwandfreiem Zustand sein.

Warum ist das so wichtig?

Weil sie erhebliche Belastungen aushalten müssen. Ein Pferd, das sich losreißt, kann Menschen und andere Pferde gefährden und schwere Unfälle verursachen.

Wie muss der Anbindeknoten beschaffen sein?

Er muss sich leicht lösen lassen, darf aber nicht aufgehen, wenn das Pferd an ihm reißt.

So wird der Sicherheitsknoten geknüpft

Tipps zum richigen Anbinden

- Benutze immer ein stabiles Halfter und einen robusten Anbindestrick mit Panikhaken.
- Der Anbindestrick wird in Höhe des Buggelenks angebracht und darf weder zu lang noch zu kurz sein.
- Der Anbindeknoten muss fest, aber dennoch leicht aufziehbar sein, damit man ihn – sollte das Pferd aus irgendeinem Grund in Panik geraten – leicht öffnen kann.
- Das Pferd muss an einer festen, stabilen Anbindevorrichtung angebunden werden, am besten an einem fest verankerten Anbindering. Die Gitterstäbe einer Box dürfen dafür nur verwendet werden, wenn sich in dieser Box kein anderes Pferd aufhält! Tabu sind z. B. Geländer, Zäune, Bäume oder gar Stacheldraht!
- Die sicherste Möglichkeit, ein Pferd anzubinden, ist die beidseitige Anbindung. Da dies nur auf der Stallgasse möglich ist, muss man auch das einseitige Anbinden kennen und beherrschen.
- Das Pferd darf nie am Trensenring oder mit den Zügeln angebunden werden, weil dies zu schlimmen Verletzungen führen kann: Es könnte erschrecken, sich mit dem Gebiss selbst ins Maul reißen und auf die Schmerzen panisch reagieren. Beim Versuch freizukommen kann es die Trense zerreißen.
- Bei mehreren angebundenen Pferden ist immer auf den ausreichenden Sicherheitsabstand von zwei Pferdelängen zu achten.
- Der Anbindeplatz muss frei von Ursachen für Angst und Verletzungen sein. Vor allem im Freien ist darauf zu achten, dass keine gefährlichen Gegenstände (Schubkarren, Mistgabeln, Glasscherben, Flaschen, Nägel, Fahrräder u. Ä.) in Reichweite des Pferdes sind! Auch ungewohnte laute Geräusche oder lästige Insekten im Sommer können das Pferd erheblich beunruhigen und verängstigen. Sofern die Möglichkeit besteht, bindet man es am besten im Stall an.

Das beidseitige Anbinden

Was ist ein Panikhaken, und warum ist er notwendig?

Der Panikhaken lässt sich mit einem einfachen Handgriff öffnen. Dies ist sehr wichtig, wenn ein Pferd rasch und ohne Gefahr losgemacht werden muss (z. B. bei Festliegen, Stallbrand usw.), damit es sich nicht in Panik hineinsteigert.

Was ist die sicherste Art, ein Pferd im Stall anzubinden?

Das beidseitige Anbinden, das Spielereien, Untugenden und Gefahren verhindert.

In welcher Höhe ist der Anbindestrick anzubringen?

In Höhe des Buggelenks.

Wie lang sollte er sein?

So lang, dass das Pferd genügend Bewegungsfreiheit hat, aber kurz und hoch genug angebracht, dass es nicht in ihn hineintreten und sich verwickeln kann. Die Folgen wären Angst und Verletzungsgefahr.

Der zu lange Strick rutscht nach unten, das Pferd tritt über den Strick

Warum darf der Anbindestrick andererseits nicht zu kurz sein?

Ein zu kurz angebundenes Pferd wird leicht unruhig und beginnt am Strick zu reißen.

Wo ist ein Pferd anzubinden?

An einem stabilen Gegenstand, der nicht nachgibt, reißt oder bricht. Am besten eignet sich ein fest verankerter Anbindering.

Wo darfst du ein Pferd auf keinen Fall anbinden?

An Geländern, Planken, Zäunen, Wasserrohren oder

gar Stacheldraht! Eben sowenig an Baumstämmen: Der Strick kann nach unten rutschen, das Pferd reißt dagegen oder tritt in ihn hinein.

Wann darf man ein Pferd an den Gitterstäben einer Box anbinden?

Nur, wenn sich in dieser Box kein anderes Pferd aufhält.

Welche Gefahren bestehen, wenn sich ein Pferd in dieser Box befindet?

Streitereien oder spielerische Kontaktversuche können dazu führen, dass beide Pferde mit allen Mitteln versuchen, die Trennwand zu überwinden. Oder das in der Box stehende Pferd zieht den Anbindestrick zu sich herein und knabbert so lange darauf herum, bis er reißt.

Diese beiden Pferde versuchen, über die Trennwand hinweg Kontakt aufzunehmen. Ein kleiner Streit ist entfacht

Worauf muss geachtet werden, wenn mehrere Pferde in der Stallgasse oder draußen angebunden sind?

Auf die Sicherheitsabstände: Weder die Köpfe noch die Hufe dürfen sich zu nahe kommen.

Warum sollte man ein angebundenes Pferd nie längere Zeit ohne Aufsicht lassen?

Weil es alles mögliche anstellen könnte, z. B. den Anbindestrick beknabbern, bis er reißt! Auch wenn es erschrickt, sollte jemand in der Nähe sein.

Fellkratzer

Massagestriegel

Wurzelbürsten

Mähnenkamm

Gummistriegel

Putzen und Pflegen

Ein gut gepflegtes Pferd sieht nicht nur schöner aus, sondern fühlt sich auch wohler. Richtiges, sachgemäßes Putzen empfindet es als angenehm – es ersetzt bzw. ergänzt die Fellpflege in der Herde und trägt zur Vertrauensbildung zwischen Mensch und Tier bei. Ungeschicktes oder gar schmerzhaftes Hantieren dagegen nimmt es mit Recht übel und reagiert mit Abneigung, Angst oder Abwehr.

Zum richtigen Putzen gehört das passende Putzzeug. Pferde sind verschieden: Manche mögen es, wenn man sie kräftig durchmassiert, andere reagieren empfindlich. Es gibt eine große Vielzahl an Putzutensilien für jeden Geschmack: Metallstriegel und sogenannte Fellkratzer, mit denen sich auch angetrockneter Schmutz entfernen lässt, Striegel aus Gummi oder Plastik und weiche Putzgeräte aus Sisal oder Lammfell. Für empfindliche Pferde eignet sich auch der Gummistriegel oder der Striegelhandschuh, der auf der einen Seite Noppen, auf der anderen Borsten hat. Das Putzzeug wird am besten in einer sauber gehaltenen Putzkiste aufbewahrt.

Wissens-Check

Welche Gegenstände braucht man zum Putzen des Pferdes?

Striegel, Kardätsche, zwei Schwämme, Wolllappen, Hufkratzer (evtl. mit Hufbürste), Wurzelbürste, Huffett und Pinsel.

Wie oft wird ein Pferd geputzt und warum?

Einmal am Tag gründlich. Das dient der Reinigung, der Massage und dem allgemeinen Wohlbefinden.

Wie geht man beim Putzen vor?

Man putzt immer von vorne nach hinten. Zuerst werden alle bemuskelten Körperteile mit dem Haarstrich und gegen ihn durchgestriegelt. Knochige Körperteile wie der Kopf, die Gliedmaßen vom Vorderfußwurzelgelenk und Sprunggelenk abwärts sowie ein hoher Widerrist und abstehende Hüftknochen sind für den Striegel tabu.

Kardätschen

Wie wird mit der Kardätsche geputzt?

Nach dem Durchstriegeln nimmt man für die linke Seite des Pferdes die Kardätsche in die linke, den Striegel in die rechte Hand, für die rechte Seite umgekehrt. In langen, ruhigen Strichen wird das Pferd gründlich durchgebürstet, die Kardätsche dabei immer wieder in Richtung Fingerspitzen

Putzhandschuhe

Die Versorgung des Pferdes

- Stell dich beim Putzen und Hufeauskratzen immer neben das Pferd, nie genau hinter die Hinterbeine. Auch das bravste Pferd kann einmal erschrecken und ausschlagen!
- Gründliches tägliches Putzen ist wichtig.
- Stets von vorn nach hinten putzen!
- Knochige Körperteile nie mit dem Striegel behandeln!
- Das Pferd ist dankbar dafür, wenn man es, sobald es trocken ist, glatt putzt, um juckende Stellen zu verhindern.
- Nie nass geschwitzt in den Stall bringen! Vor allem im Winter ist ein Solarium (falls vorhanden) ein großer Vorzug.
- Das Pferd sollte immer in eine saubere Box zurückgestellt werden.
- Hufe vor dem Reiten nur auskratzen, nach dem Reiten gründlich pflegen!
- Die Hufe müssen alle sechs bis acht Wochen vom Hufschmied ausgeschnitten bzw. beschlagen werden.

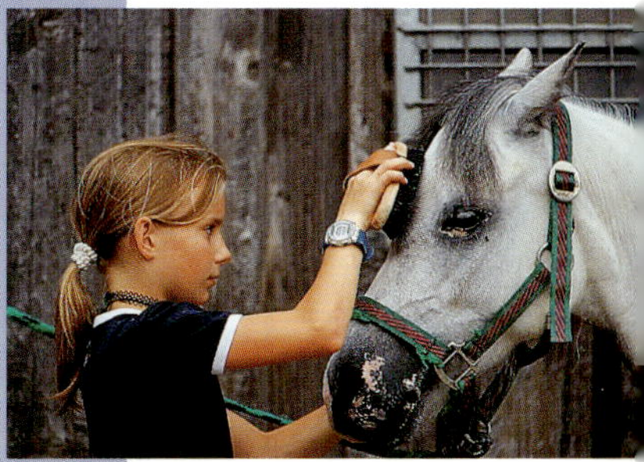

Das Bürsten der Mähne kann so schön sein!

Schweißmesser

Schwamm

am Striegel abgestrichen. Der Striegel wird von Zeit zu Zeit auf der angefeuchteten Stallgasse ausgeklopft, der Staub nach dem Putzen zusammengefegt, damit er nicht herumfliegt.

Was folgt nach dem gründlichen Durchputzen?

Das Durchbürsten oder -kämmen der Mähne. Danach wird das Pferd mit dem Wolllappen abgerieben.

Wozu braucht man zwei Schwämme?

Beim Menschen würden wir sagen: für oben und unten! Mit dem einen werden Augen und Nüstern, mit dem zweiten Geschlechtsteile, Euter, Unterseite der Schweifrübe und After gesäubert.

Wie wird der Schweif gepflegt?

Er wird am besten mit der Hand verlesen und ab und zu gewaschen.

Das Säubern des Afters gehört zur täglichen Pferdepflege

Gibt es auch eine andere Möglichkeit der Schweifpflege?

Ja, das Kämmen und Bürsten. Das Verlesen ist jedoch für das Pferd viel angenehmer und schonender als das Kämmen oder Bürsten. Allerdings braucht man dafür viel Zeit.

Wie funktioniert das Verlesen?

Ich nehme den Schweif in eine Hand und umfasse ihn. Mit der anderen ziehe ich unterhalb der den Schweif haltenden Hand vorsichtig einzelne Haare heraus. Man braucht dafür viel Zeit, aber der Schweif sieht nachher wunderschön locker aus.

Wie säubert man stark verschmutzte Beine?

Durch Abwaschen bzw. Abspritzen. Danach werden sie abgetrocknet oder mit der Hand abgestreift.

Wie werden die Hufe vor dem Reiten behandelt?

Sie werden lediglich ausgekratzt.

Wie pflegt man sie nach dem Reiten?

Bei warmem, trockenem Wetter werden sie gewaschen und einschließlich der Sohle eingefettet, solange sie noch feucht sind. Bei feuchtem Wetter genügt es, den Huf zu säubern. Die Glasurschicht des Hufes niemals mit einem harten, scharfen Gegenstand bearbeiten – sie ist der natürliche Schutz der Hornwand!

So wird der Schweif verlesen

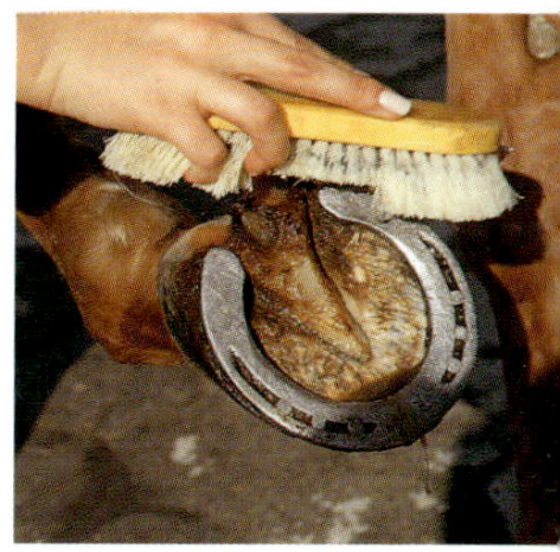

Mit der Wurzelbürste kann der Huf zusätzlich gesäubert werden

Vor dem Reiten werden die Hufe nur ausgekratzt

Wie wird das Pferd nach dem Reiten versorgt?

Gesicht, Sattellage und die Schweißstellen zwischen den Beinen werden mit einem feuchten Schwamm gesäubert. Sobald sie trocken sind, wird das Pferd glattgeputzt.

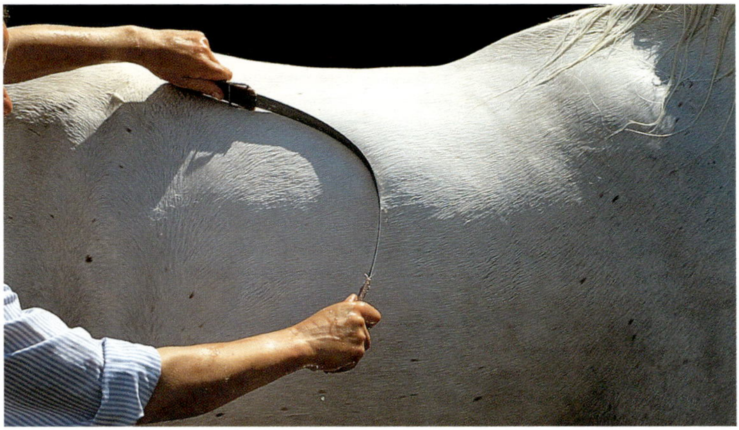

Abziehen mit dem Schweißmesser

Welche Möglichkeiten gibt es, ein nass geschwitztes Pferd bei warmem, trockenem Wetter zu versorgen?

Im wesentlichen drei Möglichkeiten:

- So lange Schritt reiten, bis es abgeschwitzt hat.
- Ohne Sattel trocken führen.
- Abwaschen, mit dem Schweißmesser abziehen, dann trocken führen.

Wie wird ein verschwitztes Pferd bei kühlem Wetter versorgt?

Grundsätzlich: Bei kühlem Wetter nicht nass reiten! Passiert es trotzdem, reibt man das Pferd mit Stroh trocken. Die Strohwische werden dabei in großen, gegeneinander laufenden Bögen geführt und durch trockene ersetzt, sobald sie feucht sind.

Gibt es weitere Möglichkeiten, ein nassgeschwitztes Pferd zu versorgen?

Ja, das Auflegen einer Abschwitzdecke oder – wenn möglich – das Trocknen im Solarium.

Was kann man gegen das Nachschwitzen tun?

Stroh unter die Decke legen. Später nachsehen, ob das Pferd trocken ist.

Worauf ist zu achten, wenn man das Pferd nach dem Reiten in die Box bringt?

Pferdeäpfel werden aus der Streu herausgenommen, das Stroh wird aufgeschüttelt. Die Box soll sauber und »wohnlich« sein – dein Pferd hat das verdient! Dieselben Maßnahmen zur Versorgung und Pflege des Pferdes gelten auch für ein Pferd, das du von der Weide wieder in den Stall bringst und das verschmutzt oder verschwitzt ist. Wichtig: Die Hufe auf kleine Steine, Nägel o. Ä. untersuchen und von ihnen befreien.

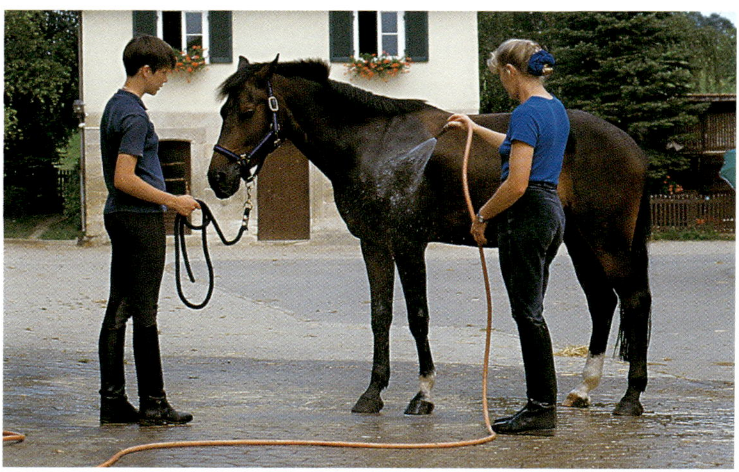

Bei warmem, trockenem Wetter wird das ganze Pferd abgespritzt

▸ EXTRA·TIPP

▸ Erste Hilfe

Ein Kurs in Erster Hilfe ist zwar für den Basis-Pass Pferdekunde nicht vorgeschrieben, aber sehr zu empfehlen. Falls trotz aller Vorsicht ein Unfall passiert, bist du in der Lage, das Richtige zu tun. Du kannst diese Kenntnisse bei Unfällen jeder Art gebrauchen.

▸ Unfallverhütung

Du musst über das Verhalten des Pferdes sehr genau Bescheid wissen. Du kannst viel lernen, wenn du Pferde auf der Weide und im Stall beobachtest. Zusammen mit Umsicht, Übersicht und Vorsicht ist dies der beste Schutz gegen Unfälle.

So vermeidet man Unfälle

- Wissen über das Pferd und Erkennen seines Verhaltens
- Vorsicht, Umsicht, Übersicht
- Einhalten der Sicherheitsabstände
- Ansprechen beim Herantreten
- Richtige Fütterung und ausreichend Bewegung
- Ruhiges Verhalten im Umgang mit Pferden(Bewegungen, Stimme)
- Tragen von festem Schuhwerk

Wissens-Check

Welches sind die Hauptursachen für Unfälle mit dem Pferd?

Unwissenheit, Leichtsinn und daraus resultierender falscher Umgang mit dem Pferd.

Was muss beim Führen hinter anderen Pferden vor allem beachtet werden?

Das Einhalten des Sicherheitsabstandes von zwei Pferdelängen.

Was ist oberstes Gebot, wenn du dich einem Pferd näherst?

Dass ich es ruhig und vernehmbar anspreche.

Warum kann es gefährlich werden, wenn ein Pferd zu viel Hafer bekommt und/oder nicht genügend Bewegung hat?

Es wird dann übermütig und unberechenbar. Man sagt: »Ihn (od. sie) sticht der Hafer!«

Weshalb sind im Umgang mit Pferden hastige Bewegungen und unnötige laute Geräusche unbedingt zu vermeiden?

Weil Pferde dadurch leicht erschrecken und unberechenbar reagieren.

Darf man beim Umgang mit dem Pferd leichtes Schuhwerk wie Sandalen tragen?

Niemals, weil ein Huftritt auf die ungeschützten Füße sehr weh tun und böse Verletzungen zur Folge haben kann.

Tierschutz

Es ist zu begrüßen, dass in unserer Zeit Tier- und Naturschutz eine immer größere Bedeutung gewinnen und dass Verstöße gegen das Tierschutzgesetz streng geahndet werden. Das Pferd wird heute als Partner betrachtet, der Mensch in die Verantwortung genommen, was gegenüber dem jahrtausendelangen Arbeits-, Sport- und Lebensgefährten längst überfällig war. Ausdruck dieser neuen Entwicklung ist auch die von der FN herausgegebene Broschüre »Die ethischen Grundsätze des Pferdefreundes«, die jeder Pferdeliebhaber kostenlos beziehen kann.

Auszug aus dem Tierschutzgesetz

Gebote

Der Tierhalter hat für artgemäße Nahrung, Pflege, Unterbringung und Bewegung zu sorgen. Ein Wirbeltier darf nur unter Vermeidung von Schmerzen getötet werden. Eingriffe, die mit Schmerzen verbunden sind, müssen unter Betäubung vorgenommen werden.

Verbote

Es ist verboten, einem Tier ohne vernünftigen Grund Schmerzen, Leiden oder Schäden zuzufügen, ihm, außer in Notfällen, Leistungen abzuverlangen, denen es nicht gewachsen ist, ein gebrechliches, krankes oder altes Tier zu einem anderen Zweck als zur unverzüglichen, schmerzlosen Tötung zu veräußern oder zu erwerben, ihm Futter zu geben, das Schmerzen, Leiden oder Schäden verursacht.

Wissens-Check

Wo sind die Gesetze zum Schutz der Tiere niedergeschrieben?

Im Tierschutzgesetz.

Was besagt der erste Paragraph oder Abschnitt dieses Gesetzes?

Dass niemand einem Tier ohne vernünftigen Grund Schmerzen, Leiden und Schäden zufügen darf.

Wie hoch können die Höchststrafen für den Verstoß gegen das Tierschutzgesetz sein?

Sie liegen bei Freiheitsstrafen bis zu drei Jahren und Geldstrafen bis zu 25.000 €.

Was ist artgerechte Haltung?

Die Haltung, die der Natur des Pferdes entspricht, also Haltung in einem großen, hellen, luftigen und sauberen Stall, Kontakt zu anderen Pferden, gründliche, angemessene Pflege und Fütterung sowie ausreichend Bewegung.

Was wären Beispiele für Tierquälerei?

Wenn ein Besitzer sein Pferd tagelang verdreckt und schweißverklebt in einer engen Box stehen lässt, wenn er es ohne Gesellschaft in »Einzelhaft« hält oder für Dinge bestraft, die es nicht leisten bzw. nicht verstehen kann.

In welchem Fall ist das Einwirken mit scharfen Sporen und scharfen Gebissen ein Verstoß gegen die artgerechte Behandlung des Pferdes?

Wenn sie unsachgemäß eingesetzt werden und dadurch Schmerzen verursachen.

Bei Hitze ist ein Spaziergang ins Wasser eine willkommene Abkühlung

Wann verstößt das Reiten mit Schlaufzügeln und anderen Hebelübersetzungen gegen das Tierschutzgesetz?

Wenn der Reiter mit ihrer Hilfe Genick und Hals des Pferdes gewaltsam krumm zieht.

Ist das übertriebene Beizäumen des Pferdes (bis die Nase fast an der Brust ist) gerechtfertigt, wenn dies ein sehr erfolgreicher Reiter tut?

Nein, das ist Tierquälerei.

Warum verstößt mangelnde Bewegung gegen das Tierschutzgesetz?

Weil Bewegung zu den Grundbedürfnissen des Pferdes gehört.

Braucht ein Pferd den häufig üblichen Stehtag einmal in der Woche?

Nein, im Gegenteil. Es braucht jeden Tag ausreichend Bewegung.

Ist eine Stunde Bewegung am Tag ausreichend?

Nein, es muss für Zusatzbewegung gesorgt werden.

Von Auftrensen bis Verladen

Der einwandfreie Zustand aller Ausrüstungsgegenstände gibt wichtige Aufschlüsse über das Niveau des Stalles und die Haltung der Pferde. Ein Blick in die Sattelkammer lohnt sich allemal!

Das Handwerkszeug muss stimmen. Die Ausrüstung möglichst billig einzukaufen, wäre Sparen am falschen Platz: Solides, stabiles und pferdefreundliches Material ist allemal wichtiger als irgendwelche Modetrends! Der Reitlehrer oder der qualifizierte Fachhändler wird den Unerfahrenen beim Kauf gern beraten.

Sattel und Trense müssen in einwandfreiem Zustand und gut gepflegt, aber auch passend und richtig aufgelegt sein. Eine nicht passende, falsch verschnallte oder falsch angelegte Trense kann im empfindlichen Kopfbereich zu wunden Stellen oder Atembehinderung führen, ein nicht passender, unsachgemäß aufgelegter Sattel oder eine ungeeignete, Falten werfende Unterlage zu Druckstellen am ebenso empfindlichen Rücken. Das ist für das Pferd sehr unangenehm bis schmerzhaft und führt dadurch auch zur Gefährdung des Reiters.

Die richtigen Handgriffe lernen

▸ Richtig satteln

Zum Satteln wird der Sattel auf den linken Arm genommen, der Gurt ist von rechts nach links übergeschlagen. Das Pferd ansprechen und nach rechts zur Seite treten lassen! Der Sattel wird möglichst weit vorne sanft aufgelegt, dann nach hinten in die Sattellage geschoben, sodass das Fell glatt ist. Er liegt richtig, wenn zwischen der vorderen Kante des Gurts und dem Ellenbogenhöcker eine Handbreit Platz ist. Dann die Sattelunterlage nach oben in die Sattelkammer schieben, evtl. Mähnenhaare herausziehen, auf die rechte Seite gehen und kontrollieren, ob Sattel und Unterlage glatt liegen! Zuletzt wird der Gurt heruntergelassen und an der linken Seite (anfangs nur locker!) angezogen.

Behutsames Auflegen des Sattels von der linken Seite

Kontrollieren des Sattelgurtes vor dem Angurten

Der Sattelgurt wird duch die Gurtstrippen gezogen

Wissens-Check

Welches sind die gängigen Sattelarten?

Dressur-, Spring- und Vielseitigkeitssattel. Neben den drei konventionellen Satteltypen gibt es viele weitere Sattelarten, die in anderen Sparten der Reiterei verwendet werden. Bekannte Beispiele sind Westernsattel, Rennsattel, Damen-, Gangpferde-, Trecking-sattel usw.

Dressursattel

Wodurch unterscheiden sich Dressur- und Springsattel?

Beim Springsattel ist die Knielage wegen der kurzen Bügel weit vorgebaut, beim Dressursattel wegen der längeren Bügel weniger weit. Das Sattelblatt des Dressursattels ist länger als das des Springsattels, damit der Reiter bei langen Bügeln nicht mit dem oberen Stiefelrand an der

Vielseitigkeitssattel

Infos zum Sattel

- Der für alle Zwecke übliche Sattel heißt Vielseitigkeits-sattel.
- Sein tiefster Punkt liegt in der Mitte der Sitzfläche.
- Er muss an allen Stellen gleichmäßig aufliegen.
- Die Sattelkammer muss hoch genug sein, um Satteldruck zu verhindern.
- Die Sattelunterlage muss atmungs-, saugfähig, pflegeleicht sein und den Rücken gut polstern (z. B. Pads).
- Die Bügel sollen groß und schwer sein.

Springsattel

unteren Kante des Sattelblatts hängen bleibt und es in die Höhe schiebt.

Wie heißt der für alle Zwecke übliche Sattel?

Vielseitigkeitssattel.

Aus welchen Teilen besteht der Sattel?

Sattelkammer, Schweißblatt, Sattelgurt, Vorderzwiesel, Sitzfläche, Hinterzwiesel, Sattelpolster, Sattelblatt, Pauschen, Steigbügelriemen, Steigbügel, Gurtstrippen.

Wo liegt der tiefste Punkt des Sattels?

In der Mitte der Sitzfläche.

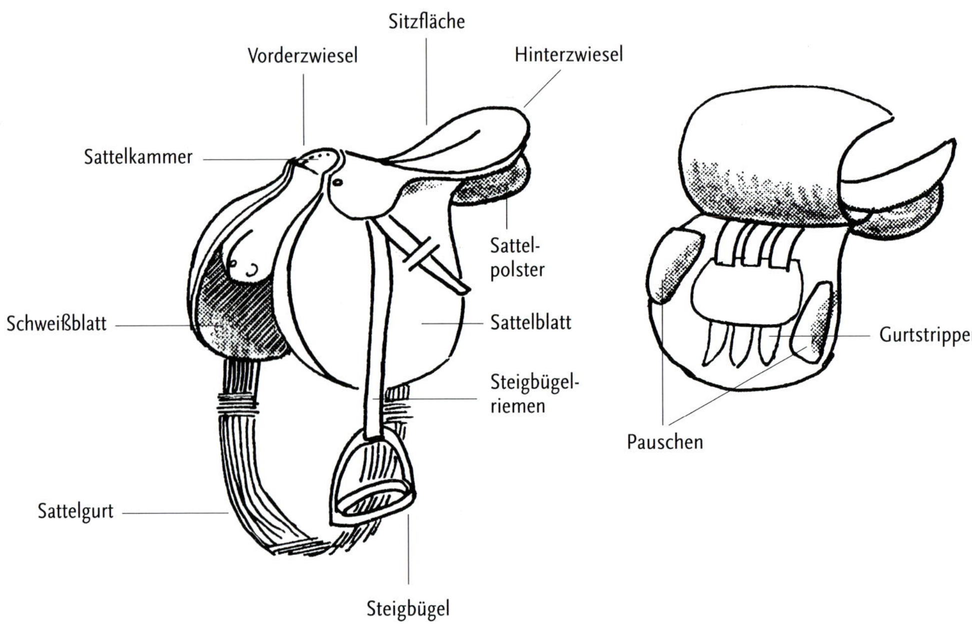

Die wichtigsten Handgriffe beim Satteln

- Sattelgurt von rechts nach links überschlagen.
- Sattel auf dem linken Arm tragen.
- Pferd ansprechen, nach rechts treten lassen.
- Sattel weit vorne über dem Widerrist sanft auflegen.
- Nach hinten in die Sattellage schieben, das Fell muss glatt liegen, sonst kann es zu Druckstellen kommen.
- Lage: eine Handbreit Platz zwischen Vorderkante des Sattelgurts und Ellenbogenhöcker.
- Sattelunterlage nach oben in die Sattelkammer schieben.
- Kontrolle von der rechten Seite: Liegen Sattel und Unterlage glatt?
- Sattelgurt herunterlassen, links locker anziehen.
- Abgesattelt und abgetrenst wird in umgekehrter Reihenfolge wie beim Aufsatteln und Auftrensen.

Worauf muss bei der Sattelkammer besonders geachtet werden?

Sie muss hoch genug sein, also genügend Raum für den Widerrist haben, damit kein Satteldruck entsteht.

Wie soll die Sattelunterlage beschaffen sein?

Sie sollte atmungs-, saugfähig, leicht zu reinigen sein und den Pferderücken gut abpolstern. Geeignet sind z. B. Sattelpads.

So liegen Sattel und Unterlage richtig

Was ist über die Steigbügel zu sagen?

Sie müssen groß und schwer sein, damit der Reiter beim Fallen rasch aus den Bügeln herauskommt. Wenn er sie beim Reiten verliert, kann er sie schnell wieder aufnehmen. Schwere

Bügel, die nach unten ziehen, erleichtern das.

Warum befinden sich am Sattel drei Gurtstrippen?

Man braucht zwei Gurtstrippen, um den Sattelgurt hindurchzuziehen. Die dritte dient als Ersatzstrippe oder zur Korrektur des Sattels.

Der Sattelgurt wird anfangs nur locker angezogen

Was wird zuerst aufgelegt: Trense oder Sattel?

Wenn das Pferd angebunden ist, zuerst der Sattel. Ist es nicht angebunden (Box, Weide), wird zuerst getrenst, um ein Weglaufen des Pferdes zu verhindern.

Womit beginnt man beim Satteln?

Ich nehme den Sattel auf den linken Arm, der Sattelgurt ist von rechts nach links übergeschlagen. Bevor ich an das Pferd herantrete, spreche ich es ruhig an und veranlasse es, nach rechts zur Seite zu treten. Ich lege den Sattel sanft und möglichst weit vorne auf

EXTRA-TIPP

Gelkissen

Für rückenempfindliche Pferde haben sich Gelkissen bewährt, die aus der humanmedizinischen Klinikforschung stammen und besonders stoßresorbierend (=stoßdämpfend) wirken. Das Gelkissen wird auf die Sattelunterlage, also zwischen Satteldecke und Sattel, gelegt.

und schiebe ihn dann nach hinten in die Sattellage, sodass das Fell glatt liegt.

Wie liegt der Sattel richtig?

Wenn zwischen der vorderen Kante des Sattelgurts und dem Ellenbogenhöcker eine Handbreit Platz ist.

Wie wird das Satteln beendet?

Die Sattelunterlage wird nach oben in die Sattelkammer geschoben, eventuell unter den Sattel gerutschte Mähnenhaare werden wieder nach vorn gezogen. Man geht auf die rechte Seite, um nachzusehen, ob Sattel und Unterlage wirklich glatt liegen. Dann den Sattelgurt herunterlassen, auf der linken Seite festschnallen – doch anfangs nur locker, damit das Pferd sich nicht verkrampft.

Zwischen Vorderkante des Sattelgurts und Ellenbogenhöcker muss eine Handbreit Platz sein

Richtig auftrensen

Das richtige und geschickte Auftrensen ist eine wichtige Fertigkeit, die du dir zeigen lässt und die du einüben musst. Auch hier kannst du wieder selbst dazu beitragen, indem du dir alle Handgriffe – auch anhand von Text und Abbildungen – intensiv vorstellst, sie mental, also in Gedanken, so übst, dass sie dir in Fleisch und Blut übergehen.

Die Trense besteht aus angepassten und verschnallbaren Teilen: Gebiss, Nasen- und Stirnriemen müssen in der Breite dem Pferd angepasst sein, die anderen Teile sind an der Genick- oder Backenschnalle verstellbar.

Zum Auftrensen gehst du auf die linke Seite des Pferdes, legst die Zügel über den Hals, hältst Kopfstück, Zügelschnalle und Nasenriemen in der rechten Hand, legst den Handballen über die Nase des Pferdes und schiebst mit der linken Hand das Trensengebiss ins Maul. Pferden, die beim Auftrensen weglaufen wollen, legt man das Halfter wie einen Halsriemen um. Will ein Pferd das Maul nicht aufmachen, steckst du den Daumen in die zahnlose obere Maulspalte. Dann werden die Zügel zurückgeschoben und die Schopfhaare über das Stirnband gelegt; Letzteres muss gerade sein und darf die Ohren nicht einklemmen.

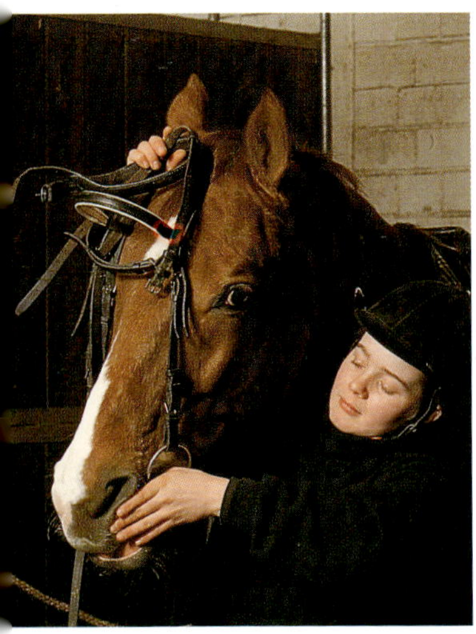

Das Gebiss wird ins Maul geschoben

Der Kehlriemen wird so geschlossen, dass eine Handbreit Luft bleibt

So sitzt das kombinierte Reithalfter richtig

Kombiniertes Reithalfter

Wissens-Check

Wie werden die einzelnen Teile der Trense benannt?

Am Beispiel des kombinierten Reithalfters (s. Foto): Stirnband, Backenstück, Nasenriemen, Sperrriemen, Genickstück, Kehlriemen, Gebiss (Trense), Zügel.

An welcher Seite ist die längere Zügelhälfte eingeschnallt?

Links, weil der linke Zügel den längeren Bogen macht, wenn das Zügelende korrekt nach rechts genommen wird.

Hannoversches Reithalfter

Wie lassen sich im Unterschied zum kombinierten Reithalfter das englische und das hannoversche Reithalfter beschreiben?

Beide haben keinen Sperr-, sondern einen Nasenriemen, der beim englischen Reithalfter etwas breiter und stärker ist als beim hannoverschen und so oberhalb des Trensengebisses geschnallt ist, dass er knapp über dem Jochbein liegt. Es wird vor allem bei der Kandarenzäumung benutzt. Beim hannoverschen Reithalfter soll der Nasenriemen ca. vier Finger breit über dem oberen Nüsternrand liegen. Zwischen Nasenriemen und Nasenbein müssen mindestens zwei Finger bequem Platz finden. Auf keinen Fall darf die Atmung des Pferdes beeinträchtigt werden.

Welche Teile müssen dem Pferd angepasst sein, welche lassen sich verschnallen?

Gebiss, Nasen- und Stirnriemen müssen in der Breite dem Pferd angepasst sein. Die anderen Teile lassen sich an der Genick- oder Backenschnalle verstellen.

Wie wird eine auseinander geschnallte Trense zusammengesetzt und dem Pferd angepasst?

Zum Abmessen wird eine Schnur verwendet: An den entsprechenden Stellen wird ein Knoten gemacht, z. B. von Maulwinkel zu Maulwinkel über das Genick oder von Maulwinkel zu Maulwinkel über den Nasenrücken. Ebenso wird das genaue Maß für die

Auftrensen

- Auf die linke Seite des Pferdes gehen.
- Zügel über den Hals legen.
- Kopfstück, Zügelschnalle und Nasenriemen in der rechten Hand halten.
- Den Handballen über die Pferdenase legen und mit der linken Hand die Trense ins Maul schieben. Wenn das Pferd das Maul nicht aufmachen will, steckst du den Daumen in die zahnlose obere Maulspalte – es wird dann das Maul öffnen!
- Zügel zurückschieben, Schopfhaare über das Stirnband legen.
- Der Stirnriemen muss gerade sein und darf die Ohren nicht einklemmen!
- Pferden, die beim Auftrensen leicht weglaufen, legt man das Halfter wie einen Halsriemen um.
- Das Trensengebiss muss nach dem Abtrensen ausgewaschen werden!

EXTRA·TIPP

Ausreiten mit der Westerntrense

Zum Ausreiten ist eine Westerntrense hervorragend geeignet – das Pferd lässt sich mit ihr besonders gut führen. Sie hat außerdem den Vorteil, dass man auf längeren Ausritten bei Rasten das Pferd mit ihr fressen lassen kann, sie also nicht – wie die herkömmliche Trense – vorher abnehmen muss.

notwendige Gebissbreite und den Stirnriemen genommen. Die verschnallbaren Teile können am aufgezäumten Pferd passend gemacht werden.

Wie dick muss das Trensengebiss am Maulwinkel sein?

Mind. 14 Millimeter.

Was sind die wichtigsten gängigen Reithalfter?

Das hannoversche, das englische und das kombinierte Reithalfter.

Kennst du weitere Reithalfterarten?

Das Bügelreithalfter und das mexikanische Reithalfter.

Wie beginnt man mit dem Auftrensen des Pferdes?

Ich stelle mich auf seine linke Seite, lege die Zügel über den Hals, halte Kopfstück, Zügelschnalle und Nasenriemen in der rechten Hand und lege den Handballen über die Nase des Pferdes. Die linke Hand schiebt das Trensengebiss ins Maul.

Wie verfährst du weiter?

Ich schiebe das Genickstück über die Ohren, lasse den Nasenriemen herunter, schiebe die Zügel zurück und lege die Schopfhaare über das Stirnband, das gerade sitzen muss und die Ohren nicht einklemmen darf. Zuletzt kontrolliere ich, ob auch der Nasenriemen gerade ist und das Gebiss richtig an den Maulwinkeln anliegt, ohne diese in die Höhe zu ziehen.

Wonach richtet sich die Länge des Nasenriemens?

Nach der Höhe der Maulspalte: Zwischen der unteren Kante des Nasenriemens und dem oberen Nüsternrand soll beim hannoverschen Reithalfter ein etwa drei Finger breiter Zwischenraum sein. Bei geschlossenem Kinnriemen darf das Gebiss nicht hochgezogen werden. Ein zu tief liegender Nasenriemen dagegen kann die Atmung behindern.

Wie soll der Kinnriemen geschnallt sein?

Zwischen Kinnriemen und Kinn müssen zwei flach angelegte Finger Platz haben. Ist er zu eng geschnallt, behindert er die Maultätigkeit. Ein zu weiter Kinnriemen verleitet das Pferd zum Maulaufsperren, wodurch es sich den Paraden des Reiters entzieht.

Wie wird der Kehlriemen geschnallt?

So, dass eine Handbreit Luft bleibt. Ein zu enger Kehlriemen spannt, sobald das Pferd am Zügel geht.

Wofür braucht man die Zäumung auf Kandare?

Sie dient der Verfeinerung der Hilfengebung. Sie darf niemals zu einer schmerzhaften Zügeleinwirkung missbraucht werden.

Was ist das Merkmal eines Kandarengebisses?

Es ist ein ungebrochenes, sogenanntes Stangengebiss.

Der Kehlriemen wird so verschnallt, dass eine Handbreit Luft bleibt

Beim kombinierten Reithalfter müssen zwei aufeinander gestellte Finger zwischen Nase und Riemen passen

Lederpflege muss sein!

▸ Pflege des Lederzeugs

Die sorgfältige Pflege des Lederzeugs ist sehr wichtig, weil es sonst rasch brüchig werden kann und dadurch die Sicherheit von Mensch und Tier gefährdet wäre. Z. B. kann ein im Galopp reißender Steigbügelriemen schlimme Folgen haben! Zudem ist die Anschaffung von Lederzeug sehr teuer.

Wissens-Check

Wie wird das Lederzeug aufbewahrt?

In einer Sattelkammer. Der Stalldunst würde dem Leder schaden, und Pferde, die sich losmachen, können großen Schaden anrichten.

Wie wird das Lederzeug gereinigt und gepflegt?

Es wird mit Sattelseife und einem feuchten Schwamm gereinigt und einmal in der Woche mit Lederfett eingefettet. Der Teil des Sattels, der mit der Reithose in Berührung kommt, wird nur mit Sattelseife behandelt, Wildleder mit einer dafür vorgesehenen Bürste aufgeraut.

Wie werden die übrigen Teile des Sattelzeugs behandelt?

Steigbügel und Gummieinlagen werden gewaschen. Das gilt mit besonderer Regelmäßigkeit und Sorgfalt auch für die Sattelunterlage.

▸ Gamaschen und Bandagen

Dem Schutz der empfindlichen Pferdebeine dienen Bandagen (mit Bändern, Klettverschlüssen oder Elastik-Sicherheitsverschlüssen), Leder- bzw. Kunststoffgamaschen, Sehnenschoner, Transportgamaschen, Sprungglocken und Streichkappen. Gamaschen werden mit Schnallen oder Klettverschlüssen befestigt, die Verschlüsse müssen außen sitzen und nach hinten zeigen. Transportgamaschen sind im Gegensatz zu den Gamaschen, die man beim Reiten verwendet, stark gepolstert und wesentlich größer.

Bandagen sind aus elastischem Baumwollgewebe, etwa zwei bis drei Meter lang, 10 bis 15 Zentimeter breit und am Ende mit einem Band oder Klettverschluss versehen. Das richtige Anlegen von Bandagen ist nicht ganz einfach, gehört aber unbedingt zum Rüstzeug eines Pferdebetreuers. Wichtig ist, dass weder Druckstellen entstehen noch die Blutzirkulation beeinträchtigt wird! Im Krankheits- und Verletzungsfall sowie nach Anstrengungen und zur Verhinderung von Gallen ist z. B. die sachgemäß angelegte Stallbandage aus Wolle (mit einer Unterlage versehen) unersetzlich.

Die Verschlüsse der Gamaschen sitzen außen und zeigen nach hinten

Wissens-Check

Welchen Zweck haben Bandagen?

Sie geben den Pferdebeinen Halt und schützen vor Stauchungen, Prellungen und anderen Verletzungen.

Worauf achtest du besonders beim Anlegen einer Bandage?

Ich verknote die Bänder richtig und sorgfältig, damit sie sich nicht lösen können.

Gibt es andere Möglichkeiten, die Bandagen zu befestigen?

Ja, Klettverschlüsse und Elastik-Sicherheitsverschlüsse.

Was kann anstelle von Bandagen zum Schutz der Beine verwendet werden?

Leder- und Kunststoffgamaschen und speziell ausgepolsterte Transportgamaschen.

Tipps zum richtigen Bandagieren

▸ Vor dem Gebrauch wird die Bandage so aufgewickelt, dass das Bandende innen liegt. Deshalb wird beim Zusammenrollen an dem Bandagenende begonnen, an dem die Bänder befestigt sind.

▸ Die Bandagen sollten fest und gerade aufgerollt werden, lose oder schief aufgewickelte Bandagen lassen sich kaum fachgerecht am Pferdebein wieder abrollen.

▸ Das Pferd sollte mit dem zu bandagierenden Bein fest stehen bleiben. Man beginnt mit dem Bandagieren unterhalb des Vorderfußwurzelgelenkes und wickelt die Bandage dann von oben nach unten, in schräg gelegten Bahnen, bis über den Fesselkopf. Die Fesselbeuge wird dabei frei gelassen. Danach führt man die Bandage wieder in schrägen Wickelungen aufwärts, bis auf die halbe Höhe des Röhrbeins.

▸ Die Bandagen müssen beim Wickeln glatt und gleichmäßig, ohne Falten, jedoch auch nicht zu fest, am Pferdebein anliegen, damit keine Druck- oder Scheuerstellen entstehen.

▸ Die Bänder werden anschließend geglättet und außen zu einer Schleife gebunden, deren freie Enden unter die Bandage gesteckt werden. Die Schleife darf nur in sich fest angezogen sein, andernfalls könnte das Bein eingeschnürt und die Blutzirkulation gestört werden.

▸ Vorsicht: Der Schleifenknoten darf nicht auf den Sehnen liegen und auf diese drücken!

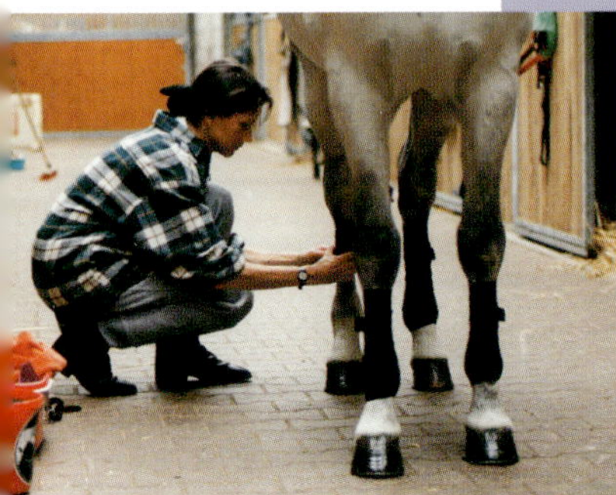

So werden Bandagen angebracht

Worauf muss bei ihnen geachtet werden?

Dass sie in Größe und Form passen.

Wozu dienen Sprungglocken?

Zum Schutz der Vorderbeine vor Kronen- und Ballentritten, die beim Rückwärts- oder Seitwärtsgehen entstehen können. Beim Ballentritt verletzt sich das Pferd mit dem Hinterhuf den Ballen des Vorderhufs. Beim Kronentritt verletzt es sich an der Hufkrone oder am Kronrand.

Das Verladen des Pferdes

Nicht nur auf Turniere, sondern auch zu Ausritten, Wanderritten, in den Reiterurlaub, zum Decken durch einen Hengst und zur manchmal lebenswichtigen Behandlung in der Tierklinik werden Pferde mit dem Transporter gefahren.

Seit dem 01.07.2000 ist in Europa für jeden Transport eines Pferdes der Equidenpass (Pferdepass) vorgeschrieben. Die »Zuchtbescheinigungen« (über Geburt, Abstammung, Züchter und Besitzer) sind Bestandteile des Pferdepasses. Dieser enthält auch einen Eintrag, ob das Pferd als Lebensmitteltier (Schlachttier) oder Nicht-Lebensmitteltier (mit unbegrenzter Medikamentengabe) eingestuft wird. Die FN empfiehlt die Eintragung als »Schlachttier«, da dies bei der Tötung und Tierkörperbeseitigung weniger Probleme verursache und die Anzahl der nicht anwendbaren zugelassenen Medikamente beim Pferd gering sei.

Man erspart sich viel Ärger, wenn man das Verladen in Ruhe und ohne Stress übt. Vor allem bei den ersten Versuchen sollte man viel Zeit aufbringen, bis das Pferd vertrauensvoll auf den Hänger geht und sich auch während der Fahrt wohl fühlt. Voraussetzung ist , dass Hänger und Fahrzeug in einwandfreiem Zustand sind – auch die gültige TÜV-Plakette gehört dazu. Verladerampe und der Boden davor müssen rutschfest, der Verladeplatz frei von Gerümpel und anderen Gefahrenquellen sein. Das Innere des Hängers soll sauber, gut eingestreut und mit einem Heusack ausgestattet sein.Vor der Fahrt muss kontrolliert werden, ob die Kupplung richtig einrastet, ob die Handbremse gelöst ist und Bremslicht, Blinker und Auflaufbremse funktionieren.

Wichtig!

Der Equidenpass
Auskunft über die Ausstellung des Pferdepasses geben die Pferdezucht-Verbände und die Deutsche Reiterliche Vereinigung (FN). Neben den Angaben zur Identifizierung des Pferdes enthält der Pass Vermerke über Impfungen und verabreichte Medikamente.

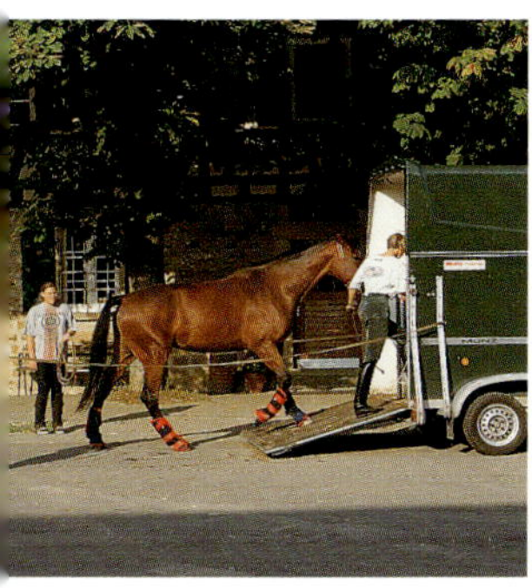

Auf beiden Seiten stehen Helfer

Das Pferd geht die Rampe gerade hinauf

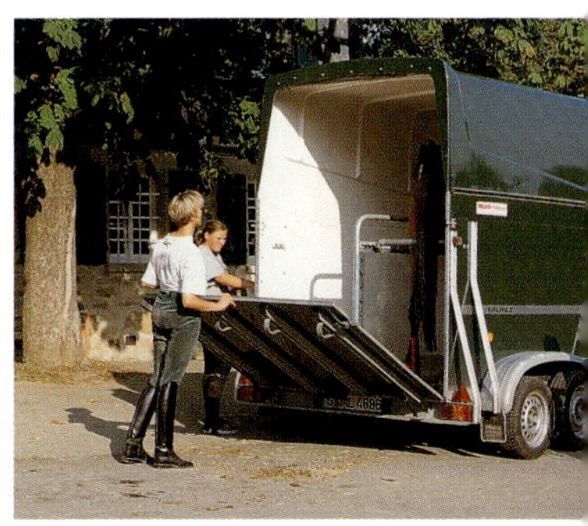

Die Stange wird sofort eingehängt

Wissens-Check

Wie ist das Pferd zum Verladen ausgestattet?

Es trägt außer dem Halfter nur Transportgamaschen oder -bandagen (an allen vier Beinen!), evtl. auch einen Schweif- und Kopfschutz. Sattel, Trense usw. bleiben leicht hängen und erschweren Verladen und Transport.
Auch zum Verladen wird eine Führkette angelegt (s. o.), um den Kopf des Pferdes sicher und leicht führen zu können.

Was muss beim Einladen beachtet werden?

Der Transporter wird so aufgestellt, dass das Pferd in Richtung Stall auf den Hänger geht. Die Führperson geht, ohne am Strick zu ziehen, links vom Pferd voraus und ist darauf gefasst, dass das Pferd einen Satz nach vorn machen kann. Das Pferd muss die Rampe gerade hinaufgehen, damit es nicht seitlich heruntertreten kann. Links und rechts Hilfspersonen aufstellen!

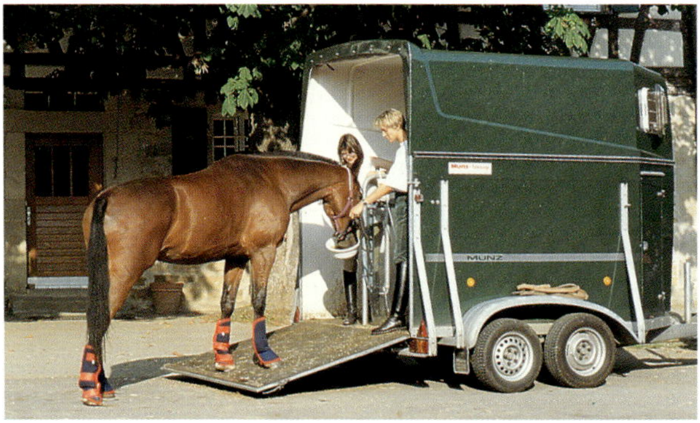

Vorderbeine auf die Rampe stellen und mit der Haferschwinge locken

Was sollte vor dem ersten Verladen eines Pferdes getan werden?

Möglichst vor dem Ernstfall das Verladen in Ruhe üben. Vorderbeine auf die Rampe stellen und mit Haferschwinge oder Möhren locken.

Welche Möglichkeiten gibt es bei hartnäckiger Weigerung des Pferdes?

Man hilft mit zwei Longen nach, die rechts und links am Transporter befestigt und von zwei Helfern hinter dem Pferd gekreuzt werden. Man kann auch, eventuell zusätzlich zu den Longen, zwei Hindernisstangen benutzen.

»Alles in Ordnung?«

Worauf ist zu achten, wenn das Pferd auf dem Hänger steht?

Die hintere Stange wird sofort eingehängt, erst dann das Pferd angebunden. Ein einzelnes Pferd im Zweipferdehänger sollte bei Rechtsverkehr auf der rechten Seite stehen, damit es mehr Distanz zum Straßenlärm hat.

Was ist beim Fahrverhalten mit dem beladenen Hänger wichtig?

Ruckartiges Bremsen und Anfahren sowie scharfes oder zu schnelles Fahren von Kurven (unter 20 km/h!) vermeiden, bei Ampeln den langen Bremsweg einkalkulieren!

Wie geht man beim Ausladen vor?

Das Pferd zuerst losbinden, dann die hintere Querstange ganz herausnehmen (sonst Verletzungsgefahr!), das Pferd langsam, mit geradem Kopf und Hals, geradeaus rückwärts hinunterführen. Möglichst Hilfspersonen an beiden Seiten aufstellen.

Wo stellt man ein einzelnes Pferd im Zweipferdehänger auf?

Im Zweipferdehänger steht ein einzelnes Pferd auf der rechten, dem Verkehr abgewandten Seite.

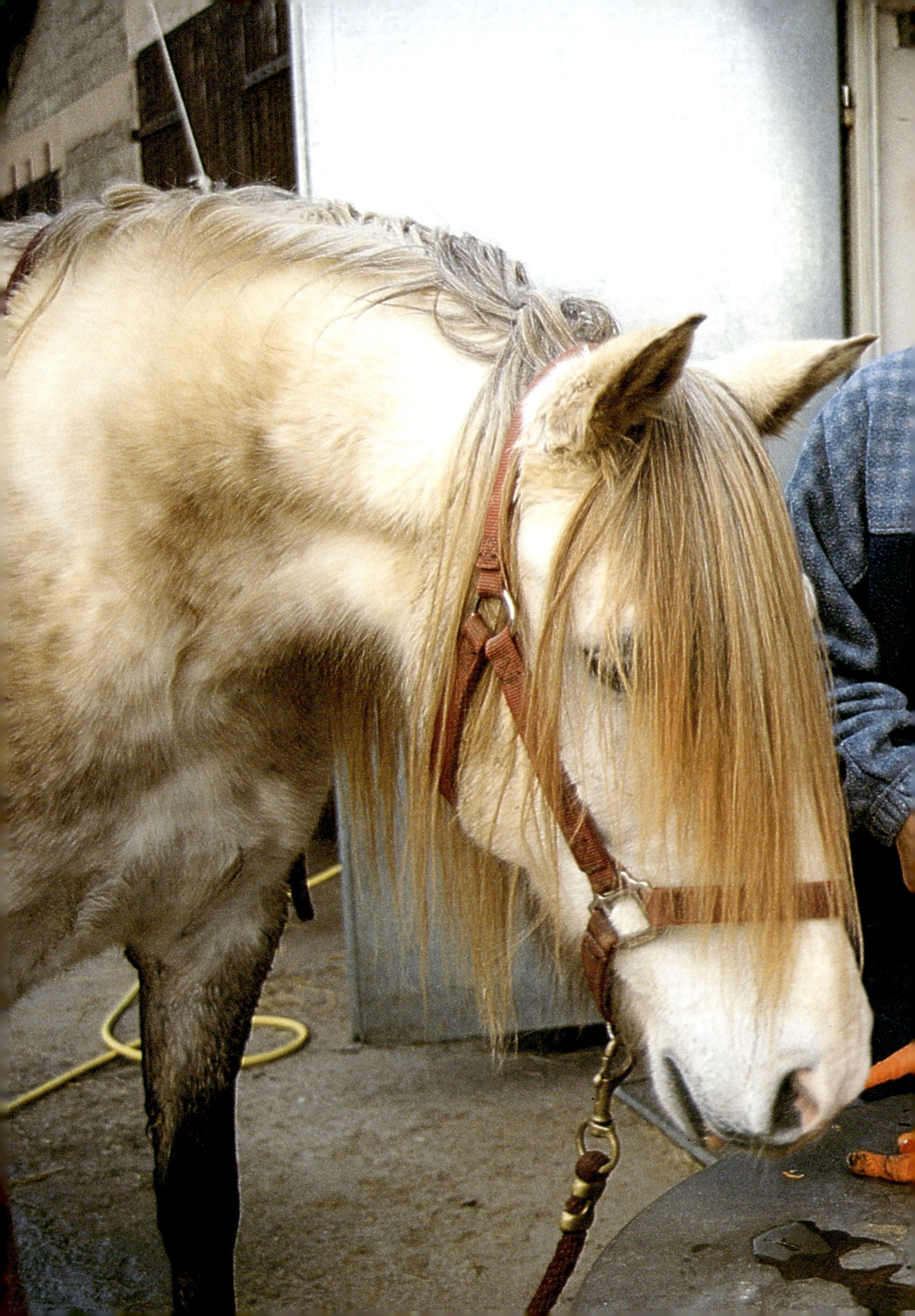

Fütterung, *Haltung und Gesundheit*

Nur ein gesundes Pferd ist ein zufriedener, ausgeglichener und zugleich leistungsfähiger und leistungswilliger Partner, an dem wir unsere Freude haben können.

Richtige, dem einzelnen Pferd individuell angepasste Fütterung und Kenntnisse der Hauptmerkmale seiner Verdauung sind wesentliche Voraussetzungen dafür.

Ebenso wichtig sind artgerechte Haltung mit Sozialkontakten, der Zustand des Stalls, der geräumig, hell und luftreich sein muss, und ausreichend zusätzliche Bewegungsmöglichkeiten auf der Weide oder im Paddock.

Hinzu kommt die nötige Vorsorge durch Impfungen und Wurmkuren sowie die sorgfältige Beobachtung des Pferdes auf Verhaltensänderungen und Krankheitsmerkmale. Bei Verletzungen und Krankheiten muss man wissen, was bis zur Ankunft des Tierarztes zu tun ist. Auch die Kenntnis der wichtigsten für das Pferd gefährlichen Giftpflanzen gehört zur Sorge um seine Gesundheit.

So bleibt ein Pferd gesund und fit

Pferde, die im Offenstall gehalten werden, sind an wechselnde Umweltreize gewöhnt. Wenn man ihnen Hölzer zum Knabbern anbietet, sollte man darauf achten, dass sie sich nicht an ihnen verletzen können

▸ Füttern und Tränken

Grundsätzlich gilt, dass bei Fütterung im Stall mehrere, d. h. mindestens drei bis vier, kleine Mahlzeiten zu regelmäßigen Zeiten wichtig sind. Dabei und auch danach braucht das Pferd ungestörte Ruhe. Die Menge und die Zusammensetzung des Futters sind individuell verschieden. Durch die genaue Beobachtung des Pferdes und seines Verhaltens kann man am besten herausfinden, was und wie viel ihm gut tut. Die Auswahl des Futters richtet sich natürlich auch nach der Leistung, die dem Pferd abverlangt wird. Es ist selbstverständlich, dass die Qualität des Futters einwandfrei sein muss, um das Pferd gesund und aktiv zu halten. Wenn im Stall keine Selbsttränken angebracht sind, muss darauf geachtet werden, dass dem Pferd oft genug, mindestens aber vor oder nach jedem Füttern, Wasser angeboten wird.

Basiswissen auf einen Blick

- Gefüttert wird mindestens 3-mal am Tag – morgens, mittags und abends – möglichst immer zur selben Zeit.
- Abends gibt es die größte Ration, weil danach die lange Ruhepause der Nacht folgt.
- Mittelschwere Pferde (500 kg) bekommen bei normaler Leistung pro Tag drei bis acht Kilo Kraftfutter, fünf bis zehn Kilo Heu und Stroh nach Bedarf.
- Futterarten sind: Raufutter, Kraftfutter, Vitamin- und Mineralfutter sowie Saftfutter.

Raufutter: Heu und Stroh, Letzteres vor allem als Einstreu.
Kraftfutter: Hafer und Kraftfuttermischungen.
Saftfutter: z. B. frisches Gras, Mohrrüben, rote Rüben, Zucker- und Futterrüben.

- Mash: Kräftigungsfutter für kranke und geschwächte oder überdurchschnittlich beanspruchte Pferde (vgl. S. 100).
- Vorsicht beim ersten Weidegang im Frühjahr. Frisches Gras ist sehr eiweißreich, und zu viel davon kann krank machen!
- Tränken (wenn keine Selbsttränke vorhanden) drei- bis viermal am Tag mit frischem Wasser, vor oder nach dem Füttern.
- Stark erhitzte oder schwitzende Pferde nur kontrolliert saufen lassen!

Das Angebot an Kraftfutter ist reichhaltig

Wissens-Check

Warum sollten dem Pferd unmittelbar nach der Futteraufnahme keine größeren Leistungen zugemutet werden?

Weil während der Verdauungstätigkeit Magen und Darm vermehrt durchblutet werden, sie sogar z. T. Blut aus anderen, zur Zeit nicht so intensiv tätigen Körperteilen abziehen.

Wie lang sollte die Pause zwischen Futteraufnahme und Beanspruchung sein?

Mindestens 60 Minuten.

Was kann eine unmittelbar nach der Mahlzeit verlangte Leistung zur Folge haben?

Eine Störung im Verdauungsablauf, also eine Kolik.

Was ist über die Größe des Pferdemagens zu sagen?

Er ist im Verhältnis zur Körpergröße relativ klein und fasst nur ca. 10 bis 15 Liter – während die Mägen des Rindes z. B. zusammen 150 Liter fassen, also zehnmal so viel. Da das Pferd einen vergleichsweise kleinen Magen hat und in der Natur ständig kleine Mengen aufnimmt, braucht es mehrere kleinere Mahlzeiten am Tag mit ausgewogener Zusammensetzung.

Der Futtertrog sollte jeden Tag gesäubert werden

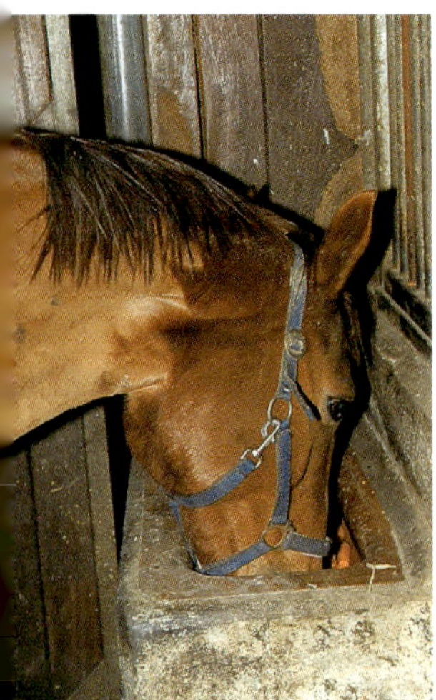

Wie oft wird ein Pferd gefüttert?

Mindestens dreimal am Tag.

Wann wird es gefüttert?

Morgens, mittags und abends und möglichst immer zur selben Zeit.

Wann erhält es die größte Portion und warum?

Abends, weil danach die Nachtruhe folgt: Die lange Ruhepause ist für die Verdauung wichtig.

Was wird gefüttert und wie viel?

Mittelschwere Pferde (Gewicht: ca. 500 kg) bekommen bei normaler Leistung pro Tag drei bis acht Kilo Kraftfutter je nach Energiegehalt, fünf bis zehn Kilo Heu und Stroh nach Bedarf. Übrigens: Heu wird nicht in die Krippe, sondern auf den sauberen Boden gelegt!

Heu wird auf den sauberen Boden gelegt

Welche Futterarten gibt es?

Raufutter, Kraftfutter, Mineral- und Vitaminfutter sowie Saftfutter.

Was sind die wichtigsten Kraftfutterarten?

Hafer, Mais, Gerste, Roggen, Weizen und pelletierte Kraftfuttermischungen mit Vitaminen und Mineralstoffen.

Was sind die wichtigsten Raufutterarten?

Heu und Stroh.

Wie wird Stroh verwendet?

Als Einstreu. Das Pferd holt sich daraus einen Teil seines Raufutterbedarfs.

Was ist Saftfutter?

Z. B. frisches Gras, Mohrrüben, rote Rüben, Zucker- und Futterrüben.

Bei längerer Weidehaltung und spärlichem Graswuchs sollte Heu zugefüttert werden. Eine Überdachung sorgt dafür, dass es trocken bleibt

Warum ist Saftfutter wichtig?

Es ist vitaminreich, bekömmlich und schmeckt gut.

Darf man Saftfutter in beliebigen Mengen füttern?

Nein, nur in kleineren Mengen, als Beifutter und als Leckerbissen.

Lässt sich der Vitaminbedarf zuverlässig mit Saftfutter allein abdecken?

Nein, Vitamine und Mineralstoffe sollten zusätzlich in Futtermischungen angeboten werden. Im Winter, wenn es kein frisches Gras gibt, sind Möhren, Äpfel und Rüben eine wichtige und beliebte Ergänzung des Speiseplans.

Was ist Mash (engl. Aussprache: mäsch), und wofür braucht man ihn?

Mash ist ein Gemisch aus gequetschtem Hafer, Weizenkleie und gebrochenem Leinsamen, das mit kochendem Wasser übergossen und dann angerührt wird. Mash wird lauwarm gefüttert, ist sehr kräftigend und deshalb für kranke und geschwächte Pferde, aber auch bei überdurchschnittlicher Beanspruchung geeignet.

Welche Hauptnährstoffe braucht ein Pferd?

Eiweiß, Fett, Rohfasern und Kohlehydrate.

Worauf muss man vor allem zu Beginn der Weidezeit achten?

Dass sich das Pferd langsam an das frische Gras gewöhnt, da es sehr viel Eiweiß und wenig Rohfaser enthält. Durchfall, Kolik und Hufrehe können die Folgen sein, wenn das Pferd zu viel junges Gras frisst.

Wie oft und wann wird ein Pferd getränkt, wenn keine Selbsttränke vorhanden ist?

Drei- bis viermal am Tag, vor oder nach dem Füttern.

Worauf musst du bei einer Selbsttränke achten?

Dass sie sauber ist! Man muss täglich nachsehen, ob sie durch Rossäpfel oder Futterreste verunreinigt ist. Diese gründlich entfernen!

Wie sollte das Tränkwasser sein?

Frisch, also nicht abgestanden. Bei erkälteten Pferden wird etwas warmes Wasser beigemischt.

Darf man ein stark erhitztes Pferd ungehindert saufen lassen?

Auf keinen Fall. Es wird zuerst herumgeführt, damit es abschwitzt.

Was kann man tun, damit ein schwitzendes Pferd nicht zu schnell und gierig säuft?

Man legt ein Büschel Heu oder etwas Stroh aufs Wasser oder lässt das Trensengebiss im Maul.

Verschiedene Haltungsformen

Pferde können außer einzeln in Boxenställen (Stallhaltung im Innenstall) auch in Offenställen und in Gruppen gehalten werden (Robustpferdehaltung). Diese Haltungsform entspricht am ehesten den natürlichen Bedürfnissen des Pferdes. Aber Achtung: Wie bei den Boxenställen gibt es auch hier sowohl pferdefreundliche als auch schlecht geführte Betriebe, in denen die Pferde schlimm vernachlässigt werden!

Wissens-Check

Welche Haltungsformen unterscheidet man?

Robusthaltung und Boxenhaltung (Innenstall).

Was ist Robusthaltung?

Das robust gehaltene Pferd lebt das ganze Jahr im Freien, hat aber einen Offenstall zur Verfügung, den es jederzeit aufsuchen kann.

Welche Bedingungen muss ein Offenstall erfüllen?

Er muss eine trockene und trittfeste Unterlage haben und nach drei Seiten geschlos-

Ein heller, luftiger, gepflegter Innenstall mit breiter, sauber gehaltener Stallgasse bietet den Pferden eine angenehme Behausung

Ein Offenstall mit Gruppenhaltung ist eine besonders artgerechte Form der Robusthaltung

sen sein, wobei die vierte, offene Seite in die windärmste Richtung weist.

Was ist eine Gruppenstallhaltung?

Statt in Einzelboxen werden die Pferde in Gruppenställen gehalten, die meist Offenställe mit angrenzendem Auslauf sind. Sie ist bei Freizeitreitern beliebt und kommt den natürlichen Bedürfnissen des Pferdes entgegen.

Was ist eine Laufstallhaltung?

Auch sie ist eine Gruppenstallhaltung, die Sozialkontakte und Bewegung ermöglicht und sich vor allem für Zuchtpferde und die Aufzucht von Jungpferden eignet.

Stall und Einstreu

Ein sauberer, gepflegter Stall ist ebenso wie der gute Futter- und Pflegezustand seiner Bewohner ein wichtiger Hinweis auf pferdefreundliche Haltung.

Der Stall ist für die meisten Pferde der Hauptaufenthaltsort, ihre »Wohnung«, in der sie sich so wohl wie möglich fühlen sollen. Er muss möglichst groß, hell, sauber, luftig und stets mit frischer Streu ausgestattet sein. Die Pferde müssen die Möglichkeit zu sozialen Kontakten haben – sich hören, riechen und sehen können. Für die Maße der Boxen, der Stallgasse, der Fenster, Türen usw. gibt es genaue Bestimmungen.

Kriterien für einen Innenstall

- Der Stall muss groß, hell und luftig sein (aber ohne Zugluft!), ausgestattet mit trockener Unterlage und einer mindestens 3m breiten, rutschfesten Stallgasse.
- Faustregeln für die Mindestgröße der Box: Die Fläche errechnet sich aus der doppelten Widerristhöhe des Pferdes im Quadrat (ca. 11 m^2), ihre Höhe beträgt 3,50 bis 4 m. Pro Pferd und Box sind ca. 40 m^3 Boxenraum (Volumen) anzusetzen.
- Fenster (zum Öffnen): Fensterfläche pro Pferd mindestens 1 m^2.
- Höhe der Boxenwände: Mindestens 1,30 m.
- Bei Abtrennung durch Gitterstäbe: Der Abstand zwischen den Stäben darf nicht zu groß sein (ca. 4 cm), damit die Hufe nicht hängen bleiben!
- Die Türen einer Box: Mindestens 1,10 m breit und ganz zu öffnen. Sie müssen nach rechts ausschlagen.
- Einstreu: Trocken und sauber.
- Trog und Tränke: Ohne Ecken und in Höhe des Schultergelenks angebracht, sodass das Pferd mit leichter Halsneigung fressen und saufen kann. Nach unten ist der Trog etwas erweitert, damit der Hafer nicht hinausgeworfen wird. Trog und Tränke müssen regelmäßig gesäubert werden.
- Zum Anbinden: Feste Anbinderinge und Panikhaken.
- Die Stalltemperatur sollte der Außentemperatur angepasst, im Sommer möglichst kühl, im Winter aber frostfrei sein. Wichtig hierfür ist ein gut isoliertes Dach.

Die Einstreu

- Die Streu muss reichlich und sauber sein (zugleich Deckung des Raufutterbedarfs!).
- Das Stroh muss frisch, auf keinen Fall darf es schimmelig oder vermodert sein.
- Aus Gesundheitsgründen kann die Einstreu aus staubfreien und unbehandelten Sägespänen bestehen – dann muss für ausreichend Heu gesorgt werden!
- Ausgemistet wird einmal am Tag gründlich, zusätzlich werden immer wieder die Rossäpfel entfernt. Die Streu dabei einebnen!
- Achtung, keine Ballenschnüre zurücklassen – Verletzungsgefahr!

Wissens-Check

Wie soll ein guter Stall beschaffen sein?

Er soll groß, luftig und hell (aber ohne Zugluft!) und mit einer rutschfesten, mindestens 3 m breiten Stallgasse ausgestattet sein.

Wie groß sollte eine Box sein?

Die Fläche einer Pferdebox berechnet sich mindestens aus der doppelten Widerristhöhe des Pferdes im Quadrat (ca. 11 m^2), die Höhe sollte 3,50 bis 4 m betragen, das Volumen 40 m^3.

Wie breit muss die Stallgasse sein?

Nicht unter 3 m.

Was ist bei den Fenstern zu beachten?

Sie sollten sich ganz öffnen lassen. Pro Pferd ist mindestens ein Quadratmeter Fensterfläche nötig.

Pferdefreundlich sind große Boxen mit Fenstern, die sich ganz öffnen lassen

In einer frisch eingestreuten Box kann sich das Pferd so richtig wohl fühlen

Worauf ist bei den Boxentüren zu achten?

Sie müssen breit genug (mindestens 1,10 m) sein, sich ganz öffnen lassen und nach rechts ausschlagen.

Was ist bei der Abtrennung durch Gitterstäbe wichtig?

Der Abstand zwischen den Stäben darf nicht zu groß sein (ca. 4 cm), damit das Pferd nicht mit den Hufen hängen bleiben kann.

Worauf ist bei Trog und Tränke zu achten?

Sie dürfen keine Ecken haben, sind in Höhe des Schultergelenks angebracht und müssen regelmäßig gesäubert werden.

Was ist als Anbindevorrichtung zum Satteln und Pflegen der Pferde am geeignetsten?

Feste Anbinderinge und Panikhaken, die sich durch leichtes Ziehen in Richtung Strick sofort öffnen.

Warum ist eine Sattelkammer notwendig?

Weil der Stalldunst dem Leder des Sattelzeugs schadet. Außerdem können Pferde, die sich losgerissen haben, großen Schaden anrichten. Die Sattelkammer sollte abschließbar sein.

Was ist über die Streu zu sagen?

Sie muss reichlich und sauber sein, damit das Pferd sich wohl fühlt. Es ergänzt ja auch seinen Raufutterbedarf aus ihr.

Wie oft muss ausgemistet werden?

Mindestens einmal am Tag gründlich. Außerdem sollten immer wieder die

Rossäpfel entfernt und die Streu dabei eingeebnet werden.

Gibt es eine andere Art der Einstreu als die mit Stroh, und wann wird sie gewählt?

Ja, staubfreie und unbehandelte Sägespäne, wenn das Pferd aus gesundheitlichen Gründen nicht ungehindert Stroh fressen darf.

Worauf ist bei der Einstreu mit Sägespänen zu achten?

Dass ausreichend Heu zur Verfügung steht, um den Raufutterbedarf zu decken.

Wie geht man beim Ausmisten vor?

Man entfernt alle Rossäpfel. Nasses Stroh wird restlos herausgenommen.

Was ist beim Einstreuen von frischem Stroh wichtig?

Das Stroh muss wirklich frisch und darf nicht schimmelig oder vermodert sein. Auf gar keinen Fall dürfen Schnüre von den Ballen in die Box geraten, da sich das Pferd durch sie verletzen kann. Das Stroh locker aufschütteln und gleichmäßig verteilen!

Einmal am Tag wird gründlich ausgemistet

Was versteht man unter einer Matratzenstreu?

Eine Streu aus gleichmäßig verteiltem, fest gestampftem, trockenem Mist, auf den trockenes Stroh aufgelegt wird. Sie ist nicht empfehlenswert, da aus ihr gesundheitsschädliche Ammoniakdämpfe austreten.

▸ Räumlichkeiten und Bewegungsflächen

Zu den Anlagen eines gut geführten Reitbetriebes gehören außer den Stallungen eine Reithalle, möglichst eine Longierhalle, ein offener Reitplatz, ein Aufenthaltsraum (auch für den theoretischen Unterricht) und eine Weide oder ein Paddock als freie Bewegungsmöglichkeit für die Pferde. Reithalle, offener Platz und Longierhalle müssen in einem guten Pflegezustand sein, immer wieder eingeebnet und an trockenen Tagen regelmäßig gesprengt werden. Den Hufschlag in der Reit- und Longierhalle sollte man nach jeder Benutzung mit einem Rechen wieder glatt ziehen. Das dient nicht nur der schöneren Optik, sondern vor allem der Gesundheit der Pferdebeine, die bei Unebenheiten oder Aufhäufungen in den Ecken Schaden nehmen können. Auf dem offenen Platz dürfen keine Steine oder gar Scherben und andere gefährliche Gegenstände herumliegen! Dasselbe gilt natürlich für Weide und Paddock, die gegebenenfalls auch von Kot befreit werden müssen. Jeder kann dazu seinen Beitrag leisten, indem er sich die Mühe macht, alles wieder so in Ordnung zu bringen, wie er selbst es mit seinem Pferd vorfinden möchte.

Ein Elektrozaun darf als Einfriedung nur in Verbindung mit einem – gut sichtbaren – Holzzaun verwendet werden

Auf der Weide kann das Pferd seinen Bewegungsdrang so richtig austoben

Wissens-Check

Welche Einrichtungen gehören außer den Stallungen zu einem gut geführten Reitbetrieb?

Weide und/oder Paddock, eine Reithalle, ein offener Reitplatz, möglichst eine Longierhalle und ein Aufenthaltsraum (z.B. für den theoretischen Unterricht).

Was ist ein Paddock?

Ein umfriedeter Auslauf mit Sand- oder Grasboden und stabiler Umzäunung mit einer Fläche von mindestens der Größe einer geräumigen Box.

Wie sollte die Weide beschaffen sein?

Eine Weide muss groß genug sein, um dem Pferd freies Galoppieren zu ermöglichen. Ideal bei längerer Weidehaltung ist eine Größe von 500 Ar, zudem ein Unterstand und Trinkwasser.

Worauf ist bei der Einzäunung zu achten?

Sie muss aus festem, gut sichtbarem Material (am besten aus Holz) bestehen und so hoch sein (mindestens 1,60Meter), dass das Pferd sie nicht überspringen kann. Stacheldraht ist als Einzäunung nicht geeignet! Ein Elektrozaun sollte niemals allein, sondern nur in Verbindung mit einem Holzzaun verwendet werden.

Was sollte beachtet werden, wenn ein Pferd allein oder in Gesellschaft anderer Pferde auf der Weide ist?

Das Pferd ist ein Herdentier, eine längere Weidehaltung ohne die Gesellschaft anderer Pferde ist also nicht artgemäß. Lässt man mehrere Tiere zum ersten Mal zusammen auf die Weide, so muss genau beobachtet werden, ob sie sich vertragen, bevor man sie allein lässt. Bei längerer Weidehaltung sind die Hufeisen zu entfernen – sofern die Pferde während dieser Zeit nicht auf hartem Boden geritten werden.

Am schönsten ist es auch auf der Weide in Gesellschaft anderer Pferde. Voraussetzung ist allerdings, dass sie sich vertragen

»Nett, dass du mir meine Weide sauber machst!«
Das Ablesen von Kot mit einem »Stallboy«

Was ist vor allem bei kleinflächigen Weiden zu beachten?

Dass der Kot regelmäßig entfernt wird, damit die Pferde sich nicht mit Parasiten am eigenen Kot infizieren können. Außerdem werden diese Miststellen kaum abgefressen und Unkräuter breiten sich aus, die abgemäht werden müssen. Eine Wechselbeweidung mit Rindern kann diese Arbeit abnehmen.

▸ Was tun bei Verletzungen und Krankheiten?

Vorbeugen ist besser als heilen – und letztlich auch billiger! Die Impftermine sollten genau eingehalten werden. In vielen Betrieben kommt der Tierarzt routinemäßig, um alle Pferde zu impfen. Ist das nicht der Fall, muss sich der Pferdehalter selbst darum kümmern.

Vorbeugende Maßnahmen

Unbedingt notwendig sind Impfungen gegen Pferdeinfluenza und Tetanus (Wundstarrkrampf). Gegen Infektionsgefahr durch Wundstarrkrampf, vor allem bei äußeren Verletzungen, geben Tetanusimpfungen einen zeitlich begrenzten Schutz. Gegen Influenza erfolgt eine Grundimpfung oder Grundimmunisierung, die nach vier Wochen wiederholt wird. Danach wird jedes Jahr nachgeimpft. Gegen Tetanus wird ebenfalls eine zweimalige Grundimpfung mit vierwöchiger Pause gegeben, die Nachimpfung ist dann alle zwei Jahre fällig.

▸ Impfungen:

Notwendig	Empfehlenswert
▸ **Pferdeinfluenza:** Grundimpfung(-immunisierung) zweimal mit vierwöchiger Pause, dann halbjährlich nachimpfen. ▸ **Tetanus:** Grundimpfung (zweimal mit vierwöchiger Pause), nach einem Jahr nachimpfen, dann alle zwei Jahre. ▸ **Wurmkur:** Zwei- bis dreimal im Jahr (Standard), auf jeden Fall im Frühjahr und im Herbst. Zwischendurch vom Tierarzt Kotprobe untersuchen lassen, da es eine große Vielzahl von Wurmarten und entsprechend vielseitige Medikamente gibt.	▸ **Herpes:** empfehlenswert, vor allem gegen Verfohlen (Virusabort). Die Viren können außerdem zu Erkältung, Husten und Gehirnhautentzündung führen. Grundimpfung und halbjährlich nachimpfen. ▸ **Tollwut:** Vorgeschrieben nur in tollwutverdächtigen Gebieten (Anordnung durch Amtstierarzt), empfohlen vor allem bei Weidepferden, einmal im Jahr. ▸ Bei Transporten ins Ausland müssen die internationalen Impfbestimmungen berücksichtigt werden.

Anfangs wehrt sich das Pferd gegen die Wurmkur...

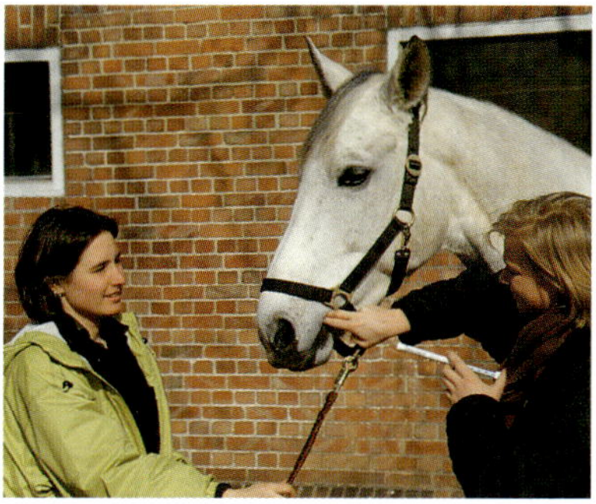

... dann fasst es Vertrauen und lässt sich willig ins Maul fassen

Schließlich kann die Spritze problemlos eingeführt werden

Impfungen gegen Herpes sind vor allem bei Stuten zu empfehlen, da es bei ihnen durch diese Viren zum Verfohlen kommen kann, dem sogenannten Virusabort. Sie können aber auch Erkältungen, Husten und Gehirnhautentzündung verursachen. Nach der Grundimpfung ist halbjährlich nachzuimpfen.

Impfungen gegen Tollwut sind nur in tollwutverdächtigen Gebieten erforderlich und werden dann vom Amtstierarzt angeordnet. Bei Weidepferden sind sie einmal im Jahr zu empfehlen. Wer mit seinem Pferd ins Ausland reist, muss sich vorher über die internationalen Impfbestimmungen informieren.

Wurmkuren sollten in der Regel drei- bis viermal im Jahr durchgeführt werden, auf jeden Fall im Frühjahr und im Herbst. Bei Weidepferden können sie häufiger nötig sein. Der Tierarzt sollte deshalb immer wieder Kotproben untersuchen.

Was tun, wenn es dem Pferd nicht gut geht?

Über diese vorbeugenden Maßnahmen hinaus sollte man sein Pferd ständig genau beobachten. Anzeichen einer Erkrankung sind Teilnahmslosigkeit, Gehunlust oder Antriebschwäche, Unruhe, Schweißausbrüche und Appetitlosigkeit, Husten, Stöhnen und vermehrter Nasenausfluss. Wer sein Pferd kennt, wird rasch feststellen, wenn es sich ungewöhnlich, anders als sonst verhält. Bei Verdacht auf eine Erkrankung sollte immer der Tierarzt zu Rate gezogen werden – lieber einmal zu oft als einmal zu wenig!

P. A. T.-WERTE Die wichtigsten Werte zur Überprüfung des Gesundheitszustandes sollte jeder kennen: die P. A. T.-Werte

Kühlen durch Angiessen des verbundenen Beins

(P. A. T. ist die Abkürzung für Puls, Atmung und Temperatur). Die folgenden Angaben beziehen sich auf das gesunde, in Ruhe befindliche Pferd: Der Pulsschlag beträgt 28 bis 44 Schläge pro Minute, die Anzahl der Atemzüge liegt zwischen 8 und 16 und die Normaltemperatur zwischen 37,5 und 38,2°C.

KLEINERE VERLETZUNGEN Kleinere Verletzungen, wie oberflächliche Hautwunden (Abschürfungen), werden oft nicht ernst genug genommen, können aber schwere Folgen haben. Wer die nötige Erfahrung hat, schneidet und rasiert die Haare rings um den Wundrand ab. Die Wunde wird mit sauberem Wasser gereinigt, dann mit einem zugelassenen Haut-Desinfektionsmittel bestrichen und – grundsätzlich nach Absprache mit dem Tierarzt – weiterbehandelt. Verletzungen am Auge dürfen nie mit einem starkem Desinfektionsmittel behandelt werden! Man tupft sie z. B. mit einem Wattebausch ab, der in lauwarmem, zuvor abgekochtem Wasser getränkt wurde.

NAGELTRITT Beim sogenannten Nageltritt sind spitze oder scharfe Gegenstände in den Huf eingedrungen und reißen dort größere oder kleinere Löcher, die gefährliche Eintrittspforten für

Stallapotheke

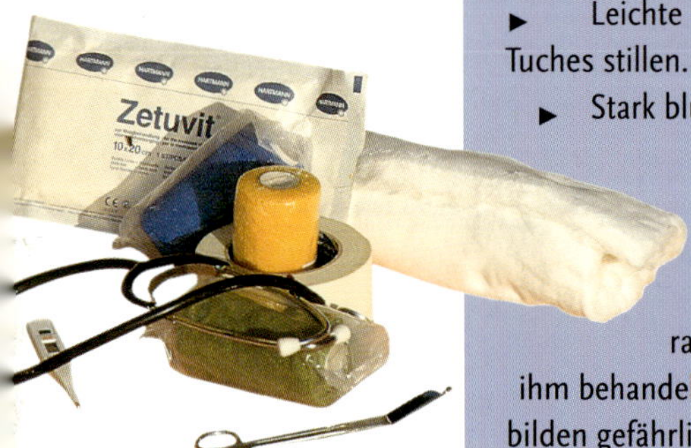

Erstversorgung bei Verletzungen

- Bei einer kleineren Wunde Haare am Wundrand entfernen, die Wunde mit klarem, sauberen Wasser reinigen und mit einem vom Tierarzt verordneten Desinfektionsmittel behandeln.
- Leichte Blutungen kann man durch Aufdrücken eines sauberen Tuches stillen.
- Stark blutende Wunden werden auch bei Verschmutzungen bis zum Eintreffen des Tierarztes nicht gereinigt, sondern sofort verbunden.
- Ein Bluterguss muss sofort gekühlt werden.
- Nageltritt: Der eingetretene Fremdkörper muss so rasch wie möglich vom Tierarzt entfernt, die Wunde von ihm behandelt werden. Die beim Eintreten entstandenen Verletzungen bilden gefährliche Eintrittspforten für Eiterbakterien!

Eiterbakterien bilden. Der eingetretene Fremdkörper muss möglichst schnell vom Tierarzt entfernt, die Wunde von ihm behandelt werden. Ein nicht oder falsch behandelter Nageltritt kann zu Hufabszessen oder einer Hufrollenentzündung führen!

Auf diese Weise kann z. B. ein Bluterguss gekühlt werden

SOMMERWUNDE nennt man eine durch Parasiten (Fliegeneier) schlecht heilende, nässende Wunde. Die Eiablage der Fliegen verhindert man, indem die vorbehandelte Wunde mit einer desinfizierenden, antibiotischen Salbe abgedeckt wird.

BLUTERGÜSSE Ein Bluterguss muss sofort gekühlt werden: Dafür werden eine Wasserdusche bzw. ein Wasserstrahl aus dem Schlauch, ein Kühlgel oder Cool Pack aus der Apotheke benutzt.

Krankheiten

Die wichtigsten Pferdekrankheiten zu erkennen, ist von entscheidender Bedeutung, um zu wissen, wie man sich im Einzelfall verhalten muss, bis der Tierarzt kommt:

MAUKE ist eine Hautentzündung in der Fesselbeuge, die in fortgeschrittenem Stadium stark nässt. Ursachen sind Nässe, Staub, Schmutz, hartes Bürsten oder chemische Reize. Die Fesselbeuge muss ruhig gestellt, trocken und sauber gehalten werden. Eine vom Tierarzt verschriebene Salbe anwenden. Achtung: Chronische Mauke ist nur schwer heilbar!

STRAHLFÄULE Sie entsteht durch mangelnde Hufpflege, nasse Streu und Mangel an Bewegung. Der Hornstrahl verfällt in eine weiche, übel riechende Masse, in der tiefe Risse entstehen können. Der Strahl wird gründlich gesäubert, trocken gehalten und nach Rücksprache mit dem Tierarzt und/oder dem Hufschmied behandelt. Für trockene Stallverhältnisse sorgen!

Fiebermessen

HUSTEN Pferde, die husten, werden, falls sie fieberfrei sind, an der frischen Luft schonend be-

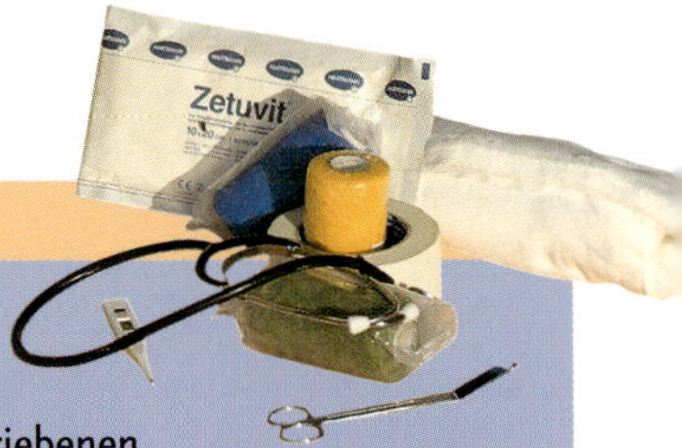

Was tun im Notfall?

- Bei Mauke muss die entzündete Stelle gründlich gereinigt, trocken gehalten und mit einer vom Tierarzt verschriebenen Salbe behandelt werden. Mauke heilt am besten in Ruhestellung.
- Bei Strahlfäule den Strahl gründlich säubern, trocken halten und nach Rücksprache mit Tierarzt und/oder Hufschmied behandeln.
- Bei Husten ohne Fieber das Pferd leicht bewegen, bei Fieber den Tierarzt holen.
- Bei Kolik sofort den Tierarzt rufen, das Pferd warm eindecken, massieren, führen.
- Kreuzverschlag ist lebensgefährlich und wird vom Tierarzt behandelt. Bis dahin das Pferd auf keinen Fall bewegen, Rücken und Kruppe warm eindecken.
- Bei Nasenausfluss und Lahmheiten den Tierarzt holen!

wegt, d. h. geritten oder spazieren geführt. Wenn sie Fieber haben, muss der Tierarzt kommen.Das Pferd muss evtl. von den anderen getrennt werden. Der Stall sollte kühl und luftig, ohne Zugluft und möglichst staubfrei sein. Gut ist es, das Heu anzufeuchten.

KOLIK Kolik ist ein Notfall, bei dem sofort der Tierarzt gerufen werden muss. Bei dieser schmerzhaften Verdauungsstörung kann das Pferd oft nicht mehr misten oder Wasser lassen, scharrt mit den Vorderbeinen, stellt die Hinterbeine weg, ist unruhig, sieht sich zum Bauch um, schlägt mit dem Schweif, legt sich immer wieder hin und hat Schweißausbrüche. Bis der Tierazt kommt, darf es nicht fressen, darf aber schluckweise trinken.Warm eindecken, massieren und im Schritt führen.

KREUZVERSCHLAG Auch bei Kreuzverschlag muss schnellstens der Tierarzt geholt werden, weil Lebensgefahr besteht! Diese Krankheit wird volkstümlich auch als Feiertagskrankheit bezeichnet, weil sie oft durch zu kräftiges Futter (zu viel Eiweiß) bei Bewegungsmangel entsteht. Sie kann jedoch auch durch Überanstrengung verursacht werden. Kreuzverschlag ist eine schmerzhafte Erkrankung des Rückenmuskels und zeigt sich in starken Bewegungsstörungen der Hinterhand, die bald Lähmungs- und Erstarrungsformen annehmen und von Schweißausbrüchen begleitet sind. Jede Bewegung ist zu vermeiden, Rücken und Kruppe sollten warm eingedeckt werden.

NASENAUSFLUSS Vermehrter Nasenausfluss ist ein Alarmzeichen und muss vom Tierarzt behandelt werden!

LEICHTE LAHMHEITEN Bei leichten Beinschäden (Schwellungen, Verdickungen), die durch Überanstrengung oder Anschlagen entstanden sind, kann man bis zum Eintreffen des Tierarztes selbst Linderung verschaffen, indem man das Bein kühlt (wie beim Bluterguss).

SCHWERE LAHMHEITEN Hochschmerzhafte Lahmheiten, die z. B. durch Brüche, Zerrungen, Muskel- und Sehnenrisse, Verstauchungen und Knochenaufreibungen (z. B. Überbeine) verursacht sind, gehören unbedingt in die sofortige, fachkundige Behandlung durch den Tierarzt.

Wissens-Check

Was versteht man unter P.A.T.- Werten?

Puls, Atmung und Temperatur des Pferdes.

Wie hoch ist der Puls eines in Ruhe befindlichen Pferdes?

28 bis 44 Schläge in der Minute.

Neue Rechtslage

Früher galten sechs unheilbare Krankheiten als sogenannte Hauptmängel: Dämpfigkeit, Dummkoller, Kehlkopfpfeifen, Koppen, Periodische Augenentzündung und Rotz. Der Käufer hatte das Recht auf Rückgabe des Pferdes, falls sie nicht angegeben wurden. Seit dem neuen Pferdekaufrecht vom 1.1.2002 gibt es diese Hauptmängel nicht mehr: Der Käufer kann nun bei allen Krankheiten, die sich im Nachhinein herausstellen, vom Vertrag zurücktreten.

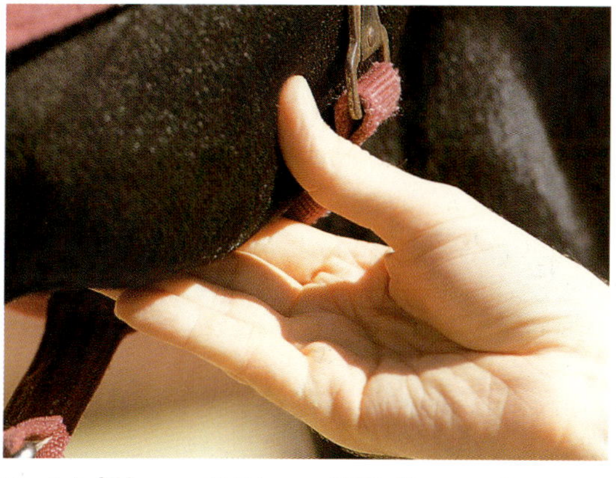

Den Puls fühlt man mit Zeige- und Mittelfinger an der äußeren Unterkieferpartie

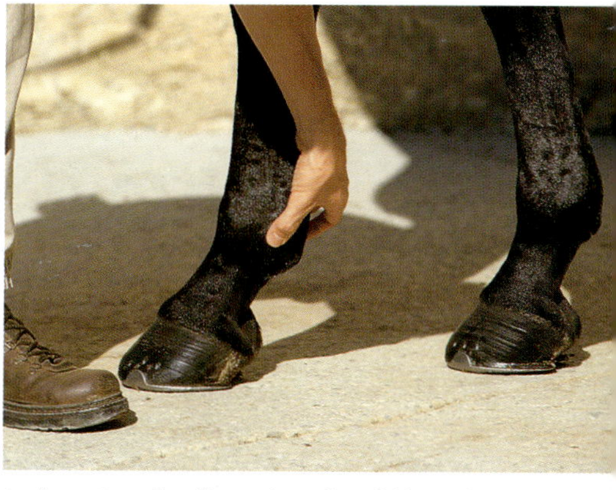

Auch am Fesselkopf kann der Puls gefühlt werden

Wie oft atmet ein Pferd in Ruhehaltung?

8 bis 16 Atemzüge pro Minute.

Wie hoch ist die Normaltemperatur des in Ruhe befindlichen Pferdes?

37,5 bis 38,2° Celsius.

Welche Anzeichen deuten auf eine Krankheit hin?

Teilnahmslosigkeit, Gehunlust, Unruhe, Schweißausbrüche und Appetitlosigkeit, Husten, Stöhnen, vermehrter Nasenausfluss.

Was tut man bei starken Blutungen?

Man ruft sofort den Tierarzt! Stark blutende Wunden werden auch bei Verschmutzungen nicht gereinigt, sondern sofort verbunden. Wer dies gelernt hat, kann einen Druckverband anlegen. Diese Maßnahme ist lediglich eine Erste-Hilfe-Leistung und darf sich nie über einen längeren Zeitraum erstrecken.

Der Druckverband

Es ist nützlich zu wissen, wie man einen Druckverband anlegt. Man übt dies vorher am besten an einem unverletzten Pferd: Eine saubere Wundauflage, z. B. eine aufgewickelte Binde, wird mit einer anderen Binde so stramm auf die Wunde gebunden, dass die starke Blutung gestillt wird. Der Druckverband darf nur kurze Zeit (bis der Tierarzt da ist) auf der Wunde bleiben, weil sonst die Gefahr der Abschnürung besteht.

Was ist bei einem Nageltritt zu tun?

Sofort den Tierarzt holen! Er muss den Fremdkörper entfernen und die Wunde sachgemäß behandeln.

Wie werden Verletzungen um das Auge behandelt?

Keine starken Desinfektionsmittel benutzen! Stattdessen z.B. mit einem in lauwarmem, vorher abgekochtem Wasser getränkten Wattebausch abtupfen.

Wie wird ein Bluterguss behandelt?

Er wird sofort gekühlt (Wasserstrahl bzw. Kühlgel oder Cool Pack aus der Apotheke).

Was ist Mauke, und wie wird sie behandelt?

Mauke ist eine Hautentzündung in der Fesselbeuge, die im fortgeschrittenen Stadium stark nässt. Die Fesselbeuge muss ruhig gestellt, trocken und sauber gehalten und mit einer Salbe behandelt werden, die der Tierarzt verschreibt.

Was tut man gegen Strahlfäule?

Der Strahl wird gründlich gesäubert und trocken gehalten. Die weitere Behandlung des Pferdes wird mit dem Tierarzt und/oder Hufschmied abgesprochen.

Was ist bei Husten zu tun?

Fieberfreie Pferde werden draußen an der frischen Luft schonend bewegt. Bei Husten mit Fieber den Tierarzt kommen lassen.
Kranke Tiere in einen kühlen, luftigen Stall ohne Zugluft stellen, eventuell von den anderen Pferden trennen.
Staub möglichst ganz vermeiden. Das Heu anfeuchten!

»Ich bin gesund und fit und fühle mich rundum wohl! Sieht man mir das nicht an?«

Was ist eine Kolik?

Eine schmerzhafte Verdauungsstörung, bei der das Pferd nicht mehr misten oder Wasser lassen kann.

Woran erkennt man eine Kolik?

Am Scharren mit den Vorderbeinen, Wegstellen der Hinterbeine, häufigen Sichumsehen zum Bauch, Schweifschlagen, öfteren Niederlegen, Schweißausbruch.

Was kann man tun, bis der Tierarzt kommt?

Das Pferd darf nicht fressen und nur schluckweise trinken. Warm eindecken und im Schritt führen!

Was ist Kreuzverschlag und woran erkennt man ihn?

Kreuzverschlag ist die volkstümliche Bezeichnung für eine schmerzhafte Erkrankung des Rückenmuskels, die sich in starken Bewegungsstörungen der Hinterhand zeigt, die bald Lähmungs- und Erstarrungsformen annehmen und von Schweißausbrüchen begleitet sind.

Was kann dagegen getan werden?

Schnellstens den Tierarzt holen, weil Kreuzverschlag lebensgefährlich ist!

Was ist zu tun, bis der Tierarzt da ist?

Das Pferd nicht bewegen. Rücken und Kruppe warm eindecken.

Wie behandelt man ein Pferd mit Nasenausfluss?

Nasenausfluss ist ein Alarmzeichen. Sofort den Tierarzt holen!

Wie verfährt man bei leichten Beinschäden (Schwellungen, Verdickungen), die durch Überanstrengung oder Anschlagen entstanden sind?

In den ersten drei Tagen wird das Bein gekühlt, dann warm behandelt (vgl. Bluterguss).

Wie verhält man sich bei schweren Lahmheiten?

Unbedingt den Tierarzt rufen! Bis dahin kann Linderung verschafft werden, indem man das Bein kühlt (s.o.).

Noch ein Tipp zum Schluss

Es ist sehr empfehlenswert, sich genaueres Wissen und fachliche Fertigkeiten zur Erstversorgung des Pferdes bei Krankheiten und Verletzungen anzueignen. Am besten geschieht das in einem Kurs oder auch durch die Lektüre von Büchern über Erste-Hilfe-Maßnahmen bei Pferden. Die so erworbenen Kenntnisse können natürlich den Tierarzt nicht ersetzen, der es bestimmt nicht übel nimmt, wenn er einmal umsonst gerufen wird!

Die typische Stellung bei Kolik: Wegstellen der Hinterbeine und Sichumsehen zum Bauch

Vorsicht – giftig!

Um das Pferd vor Vergiftungen zu bewahren, ist es wichtig, die gefährlichsten Giftpflanzen zu kennen. Natürlich sollte die Weide frei von diesen Pflanzen sein, aber auch im Gelände musst du darauf achten, dass dein Pferd sie nicht frisst. Passiert das trotzdem, muss das Pferd möglichst schnell behandelt werden. Für den Tierarzt ist es eine entscheidende Hilfe, wenn du den Namen der gefressenen Pflanze kennst.

Wissens-Check

Was tut man, wenn ein Pferd Giftpflanzen gefressen hat?

Es muss möglichst schnell behandelt werden! Dabei kann die Kenntnis der gefressenen Pflanze dem Tierarzt entscheidend helfen.

Serviceteil

NÜTZLICHE ADRESSEN

Deutsche Reiterliche Vereinigung (FN)
Freiherr-von-Langen-Str. 13
D – 48231 Warendorf
Tel. 0049-(0)2581-6362-0
Fax 0049-(0)2581-62144
www.fn-dokr.de
www.pferd-aktuell.de

Bundesfachverband für Reiten und Fahren in Österreich (BFV)
Geiselbergstr. 26–32/Top 512
A – 1110 Wien
Tel. 0043-(0)1-7499261-13
Fax 0043-(0)1-1-7499261-91
www.fena.at

FS Reit-Zentrum Reken
Frankenstr. 37
D – 48734 Reken
Tel. 0049-(0)2864-2434
Fax 0049-(0)2864-5860
info@fs-reitzentrum.de
www.fs-reitzentrum.de

Schweizerischer Verband für Pferdesport (SVPS)
Papiermühlestr. 40 H/Postfach 726
CH – 3000 Bern 22
Tel. 0031-(0)335-4343
Fax 0031-(0)335-4358
info@svps-fsse.ch
www.svps-fsse.ch

TTEAM Deutschland
Bibi Degn
Hassel 4
D – 57589 Pracht
Tel. 0049-(0)2682-8886
Fax 0049-(0)2682-6683
gilde@TTEAM.de

TTEAM Österreich
Ruth & Martin Lasser
Spitalgasse 7
A – 2549 Vöslau/Gainfarn
Tel. 0043-(0)664/1250252
tteam.office@aon.at

TTEAM Schweiz
Cornelia Gerber
Sonnhalderain 16
CH – 3250 Lyss
Tel. 0041-(0)32-3853805
Fax 0041-(0)32-3853806

Mein herzlicher Dank für ihre Mitarbeit und wertvollen Hinweise bei der Entstehung dieses Buches gilt Herrn Dr. med. vet. Franz J. Breuer, Sassenberg, Herrn Manfred Hölzel, Stuttgart, Frau Judith Köster, Frau Eva Lempa-Röller, Frau Waltraud Weingarten (alle Mitarbeiterinnen der FN in Warendorf) und Frau Renate Rüter, Stuttgart.

Dr. Petra Hölzel

ZUM WEITERLESEN

BEHLING, SILKE: Pferderassen, Stuttgart 2005
GAST, ULRIKE UND CHRISTIANE : Die Reitabzeichen, Stuttgart 2005
GOHL, CHRISTIANE: Pferde kennen und verstehen, Verhalten, Umgang, Reiten, Stuttgart 2005
GOHL, CHRISTIANE: Pferdesachen selber machen; Nützliches und Originelles für Pferd und Reiter, Stuttgart 1999, 2004
GOHL, CHRISTIANE: Was der Stallmeister noch wusste, Stuttgart 2004
HAWCROFT, TIM: Kosmos-Lexikon Pferdekrankheiten, Stuttgart 1998
HÖLZEL, WOLFGANG UND PETRA: Das Reitabzeichen, Stuttgart 2000
HÖLZEL, WOLFGANG UND PETRA: Der Reitpass, Stuttgart 2000
HÖLZEL, WOLFGANG UND PETRA / PLEWA, MARTIN: Profitips für Reiter; Grundlagenarbeit, Springausbildung, Dressurtraining, Stuttgart 1992, 2003
HÖLZEL, WOLFGANG UND PETRA: Mentales Training für Reiter; Der neue Weg zum erfolgreichen Reiten, Stuttgart 1995, 2001
MEIER, REINHARD: Selbständig Reiten; Ziel und Aufbau des Trainings, Stuttgart 1996, 2004
NEUMANN-COSEL, ISABELLE VON: Pferde verstehen leichtgemacht, Stuttgart 2002
SCHACHT, CHRISTIAN: Pferdekrankheiten; Vorbeugen, erkennen und richtig handeln, Stuttgart 1999, 2005
SCHUMACHER, JOCHEN / KRÄMER, MONIKA: Die Kosmos-Reitlehre; Erfolgreich im Sattel von Anfang an, Stuttgart 2002
SCHWÖRER-HAAG, ANKE / HAAG, THOMAS: Reiten auf Islandpferden; Spaß an Tölt und Pass, Stuttgart 2000, 2006
SINGLE, KARL / RAUE, THOMAS: Reiten lernen; Vertraut mit dem Pferd von Anfang an, Stuttgart 1999, 2006
STERN, HORST: So verdient man sich die Sporen, Stuttgart 1997, 2005
STRÜBEL, SUSANNE: Springen lernen; Erfolgreich in Parcours und Gelände, Stuttgart 2000, 2004
TELLINGTON-JONES, LINDA: TTouch und TTeam für Pferde; Das Praxisbuch, Stuttgart 2002
TIETJE, UTE: Westernreiten; Praxiswissen für Ein- und Umsteiger, Stuttgart 1999

BILDNACHWEIS

Mit 121 Farbfotos von: Jean Christen, Mannheim (S. 83, 84, 87), Felix v. Döring, Hamburg (S. 67, 113), Klaus-Jürgen Guni/Horst Streitferdt, Böblingen (S. 74/75), Petra Hölzel, Sassenberg (S. 13, 105, 106, 106/107, 109, äußere Umschlagklappe unten), Horst König, Gomadingen-Marbach (S. 27, 34/35), Krämer Pferdesport, Hockenheim (S. 77), Hans Kuczka, Wetter (S. 98, 121), Lothar Lenz, Cochem (S. 4/5, 11, 29, 60, 88, 94/95, 96, 100), Katja Nicklaus, Talheim (S. 30), Julia Rau, Mainz (S. 90), Christof Salata, Stuttgart (S. 2 u., 3 o. und u., 40/41, 41 o., 42, 44, 45, 46, 50, 52, 53, 64, 65 o. und m., 66, 69, 73, 75, 76, 79, 80, 81, 82, 89, 91, 92, 93, 114, 115, 117, äußere Umschlagklappe oben), Edgar Schöpal, Düsseldorf (S. 107), Christiane Slawik, Würzburg (S. 3 m., 10/11, 15, 99, 102, 103, 110/111, 111), Sorrel, Gabi Kärcher, Ebersbach/Fils (S. 6, 25, 68), Horst Streitferdt, Böblingen (S. 2 o. und m., 9, 14 re., 39, 65 u., 67 u., 119), Sabine Stuewer, Darmstadt (S. 5, 7, 12, 14 li., 16, 17, 18/19, 20, 21, 22, 23, 24, 30/31, 67 o., 95, 97, 108).

Mit 52 Zeichnungen von: Renate Blank, Redefin (S. 49, 54, 57, 58, 59, 61, 62, 63), Marianne Golte-Bechtle, Stuttgart (S. 28, 122/123), Gisela Holstein, Carbury (S. 26, 51, 78), Susanne Retsch-Amschler, Königsbrunn (S. 32/33), Rahel Schale, Drochtersen-Hüll (S. 48, 60).

Die Grafiken im Innenteil (S. 36, 37) sowie auf der inneren Umschlagklappe erstellte Cornelia Koller, Schierhorn.

IMPRESSUM

Umschlaggestaltung eStudio Calamar; Titelfoto von Sabine Stuewer, Darmstadt. Foto auf dem Buchrücken von Bernd Schellhammer, Großstadelhofen.

Bibliografische Information der Deutschen Bibliothek
Die Deutsche Bibliothek verzeichnet diese Publikation in der Deutschen Nationalbibliografie; detaillierte bibliografische Daten sind im Internet über http://dnb.ddb.de abrufbar.

2. aktualisierte, überarbeitete Auflage

ISBN-13: 978-3-440-10412-5
ISBN-10: 3-440-10412-5
Redaktion: Alexandra Haungs
Grundlayout: Friedhelm Steinen-Broo, eStudio Calamar
Herstellung: Kirsten Raue, Claudia Kupferer
Satz: Atelier Krohmer, Dettingen/Erms
Printed in Germany / Imprimé en Allemagne

REGISTER

Alle Angaben in diesem Buch erfolgen nach bestem Wissen und Gewissen. Sorgfalt bei der Umsetzung ist indes dennoch geboten. Der Verlag und die Autorin übernehmen keinerlei Haftung für Personen-, Sach- oder Vermögensschäden, die aus der Anwendung der vorgestellten Materialien und Methoden entstehen könnten.